Hahnenfeder

Damals in Meiderich

Damals in Meiderich

Geschichten von gestern

Band II

Schreibwerkstatt Hahnenfeder

Werner Maistrak ◆ Friedel Lubitz ◆ Helmut Willmeroth ◆ Dieter Lesemann

edition kulturwerkstatt

Die Feder und das Tintenfass

(sehr frei nach Marquesa de Alorna, Portugal 1750-1839)

Die Feder, noch von Tinte nass,
blickt stolz hinab zum Tintenfass:
„Bedeutendes bracht ich zu Papier.
Und du? Du stehst nur hier,
schmutzig, schwarz, erbärmelich!
Sag, was wärst du ohne mich?"

Das Geschmähte neiget sich zur Seit',
heraus fließt schwarze Flüssigkeit
und macht, so wollte es das Fass,
Pult und Stubenboden nass.
In dem es fällt, da ruft es noch:
„Nun schreibe doch! Nun schreibe doch!"

Nun wurd' der Feder plötzlich klar:
Ohn' Tintenfass sie gar nichts war!
Der Vernunft galt nun ihr Dank:
„Von Arroganz war ich ganz krank.
Erkannte nicht, was wirklich wahr:
Fass und Feder sind ein Paar!"

Die ‚Hahnenfeder' will Geschichten schreiben,
damit sie in Erinn'rung bleiben.
So stellt sich dann für viele dar,
wie's früher mal in Meid'rich war.
Doch wem nützt, was aus der Feder fließt,
wenn's niemand höret oder liest?

Mit dem Schreiber und dem Publikum
ist's wie bei Fass und Feder d'rum:
Sie gehören zusammen, sind ein Paar,
der eine ist für den and'ren da.
So wird's für beide zum Gewinn,
so ergeben die Geschichten Sinn.

(Hahnenfeder)

Damals in Meiderich
Geschichten von gestern, Band II
Schreibwerkstatt Hahnenfeder
Werner Maistrak ◆ Friedel Lubitz ◆ Helmut Willmeroth ◆ Dieter Lesemann
Herausgeber: Kulturwerkstatt Meiderich
Reihe *edition kulturwerkstatt*
Layout, Design, Cover-Design by Transmedia Publishing
Produced by Transmedia Publishing 2019
ISBN 978-3-942961-90-5

VORWORT

Vier schreiblustige Meidericher, Werner Maistrak, Friedel Lubitz, Helmut Willmeroth und Dieter Lesemann, haben sich zur Meidericher Schreibwerkstatt „Hahnenfeder" zusammengetan.
Sie wollen Geschichten und Geschichtliches aus Meiderich aufschreiben, sammeln und bearbeiten und dann und wann Kostproben ihrer Arbeit auf Lesungen vortragen und das Gelesene als Buchreihe vorlegen.
Im März 2017 erschien Band I der Buchreihe. Jetzt, im Frühjahr 2019, kann die Kulturwerkstatt Meiderich, der sich die ‚Hahnenfeder' seinerzeit gerne angeschlossen hat, den 2. Band herausgeben.

Werner Maistrak, langjähriger Vorsitzender der IMV (Interessengemeinschaft Meidericher Vereine) und rühriger Aktivist im Stadtteil, hatte sich zuvor als Autor mit der Geschichte des Vereinslebens in Meiderich beschäftigt. Sein Buch „Meiderich – Alltags- und Vereinsgeschichte 1800 bis 1945" ist im Frühjahr 2016 im Suttern – Verlag erschienen.

Friedel Lubitz war bis zu seiner Pensionierung Lehrer an der Bronkhorstschule in Meiderich. Sein Buch „Null Bock auf Schule", in dem er über Erfahrungen, Ereignisse und Erlebnisse eines Hauptschullehrers mit Schulverweigerern in Duisburg berichtet, ist im Sommer 2015 erschienen.

Helmut Willmeroth, der vielen noch aus seiner lange Jahre währenden Tätigkeit im Bereich „Schule-Sport-Kultur" im Bezirksamt Meiderich/Beeck bekannt ist, verfügt über einen schier unerschöpflichen Schatz von Meidericher Anekdoten, die noch Bände füllen können.

Dieter Lesemann war Lehrer und Didaktischer Leiter an der Gesamtschule Meiderich. 26 Jahre leitete er den Arbeitskreis Schule und Stadtteil. Seine Büttenreden als Schulmeister erfreuten die Meidericher Karnevalisten. Bücher über Kindertage in Meiderich von 1955 – 1964 und Meiderichs bäuerliche Vergangenheit sind in Arbeit.

Die „Hahnenfeder" liest in der Regel in der Kulturwerkstatt Meiderich. Darüber hinaus gibt es auch ‚Lesungen an historischen Orten' in Meiderich sowie ‚Open – Air - Lesungen' und – auf Wunsch – auch Lesungen in Meidericher Einrichtungen.

Wie es ‚damals in Meiderich' war, zeigen die ‚Geschichten von gestern'. Sie sollen nicht vergessen werden.

Bild 1   Die ‚Hahnenfeder' bei der Präsentation des ersten Bandes ihrer Buchreihe im März 2017 in der Kulturwerkstatt Meiderich (Von links: Werner Maistrak, Friedel Lubitz, Helmut Willmeroth und Dieter Lesemann)

Inhaltsverzeichnis

I Aus der Meidericher Geschichte

II Kindheitserinnerungen

III Menschen in Meiderich

IV In der Weihnachtszeit

Die *,Hahnenfeder'* bedankt sich herzlich bei den Gastautorinnen Brigitte Koch und Heike van der Laden sowie den Gastautoren Jürgen Dreide, Helmut Ickler, Wilhelm Konietzny, Rolf Striepen und Richard Weber, die sich mit ihren Ideen und Texten an diesem Buch beteiligt haben.

Zu ganz besonderem Dank sind wir darüber hinaus Hermann Fengels verpflichtet, der die Ideen zu einer Reihe unserer Texte hatte, sie in Meierksch Platt oder Hochdeutsch aufgeschrieben und teilweise als Gastautor auf unseren Lesungen selber vorgetragen hat.

Bild 2 Hermann Fengels

I Aus der Meidericher Geschichte

Dietrich, der Steinmetz

Von Dieter Lesemann

Seit wann es ein Gotteshaus in Meiderich gibt, ist leider nicht bekannt. Die Annahme Gelderbloms, dass schon im 9. Jahrhundert eine Holzkirche in Meiderich erbaut worden wäre, bleibt ungesichert. Dieser Kirchbau wird in einer Urkunde des Stiftes Gerresheim aus dem 13. Jahrhundert erwähnt, die sich jedoch später als Fälschung herausstellte.

Was wir wissen, ist, dass die jetzige Kirche eine steinerne Vorgängerin hatte, deren Bau aufgrund des Baustils wohl im 11. Jahrhundert gelegen haben muss. Diese Kirche überdauerte Jahrhunderte, bevor sich im 15. Jahrhundert deutliche Zeichen der Baufälligkeit des alten Kirchturms zeigten.

Der Grundstein zum Bau des neuen Turmes wurde - wie man der Inschrift über der Türe entnehmen darf - am 23. April 1502 gelegt. In aktuelles Hochdeutsch übersetzt, sagt die Inschrift, dass „Im Jahre des Herrn 1502 am St. Georgsabend ... der erste Stein an diesen Turm gelegt worden" sei.

Die folgende Geschichte, die an genau diesem Abend spielt, ist natürlich ausgedacht, hätte sich aber so oder so ähnlich zugetragen haben können:

Es ist frisch an jenem Samstagabend des 23. April 1502, obwohl es zu Beginn der Woche schon recht warme Tage gegeben hat. Dietrich Mismahl lehnt an der Fachwerkmauer eines Nebengebäudes des Welschenhofes. Vor zwei Jahren hat er zusammen mit den Brüdern Welschen dieses Gebäude errichtet.

Dietrich wollte immer Bauhandwerker sein und hatte schließlich das Glück als wahrscheinlich einer der Ersten überhaupt und als einziger in Meiderich bei einem Baumeister aus dem jenseits der Ruhr gelegenen Duisburg das Steinmetz-Handwerk erlernen zu dürfen.

Um dies tun zu können, musste er zuvor im Hause des Cracht I von Mylendonk, der in dieser Zeit Herr zu Meiderich und dem Herzog Johann II von Kleve verantwortlich ist, um die Genehmigung bitten.

Auch bei dem Geistlichen Everhardus op den Koick, der auf dem Vikarienhof unweit der Kirche lebt, holte sich Dietrich Rat und Gottes Segen. Denn im Weistum über Rechte und Gewohnheiten im Kirchspiel Meiderich ist festgelegt, dass der Sohn dem Vater als Bauer folgt. Die Tatsachen, dass Dietrich drei Brüder hat und Grund und Boden seiner Familie gehören, half ihm, sich seinen Traum erfüllen zu können.

Seinen Eltern also gehört der Mismahlshof. Privatbesitz an Grund und Boden ist in dieser Zeit durchaus ungewöhnlich. Viele Bauern sind ihrem Grundherrn gegenüber abgaben – und dienstpflichtig. Als Dietrich noch ein Kind war, haben seine Eltern den Grundstücksvertrag schon unterzeichnet.

Dietrich selbst wohnt mit seiner Familie in einer kleinen Kate, die auf dem mismahl'schen Grund steht. Sein Vater wollte eigentlich, dass Dietrich später den Hof übernimmt und die Landwirtschaft fortführt. Dennoch hat er Dietrich und seine Familie während der langen Tage, die dieser bei seinem Baumeister in Duisburg in einer kleinen, kargen Kammer lebte, nichts verdiente, ja sogar noch Ausbildungsabgaben zu leisten hatte, mit allem Notwendigen unterstützt.

Jetzt ist Dietrich Steinmetz mit Leib und Seele. Es hat ihn schon sehr neugierig gemacht, als der Kirchturm der alten Meidericher Kirche in den letzten Monaten wegen offensichtlicher Baufälligkeit niedergerissen wurde. Er selbst ist zu Anfang der Abbrucharbeiten mehrmals um den Turm herum geschlichen, um zu sehen, ob nicht durch geschickte Maßnahmen, zum Beispiel eines fähigen Steinmetzes, der Turm hätte gerettet werden können. Aber er sah ein: Da war nichts zu machen.

Jetzt, nachdem der baufällige Turm vollkommen niedergerissen ist, macht auch das stehen gebliebene Kirchenschiff einen sehr traurigen Eindruck. Ein neuer Turm würde beiden gut tun: ihm, dem Steinmetz und dem Kirchenschiff, das dringend nach Stabilität sucht.

Bild 3 Meidericher KIrche 1502 - 1862

Dort, wo nun der Grundstein gelegt werden soll, haben fleißige Hände schon alles vorbereitet, damit dies ein feierlicher Akt werden könne und um die hässliche Baustelle, die sich nach Abriss und Abfuhr des alten Turmes den Menschen im Kirchspiel bietet, in den Hintergrund zu drängen.

Immer mehr Leute kommen aus den verschiedenen Ecken und Winkeln auf den Ort der Grundsteinlegung zu. Zum Teil, weil sie vom Zeitpunkt des Ereignisses erfahren haben und einfach dabei sein wollen, wenn so etwas Wichtiges und natürlich Seltenes in ihrem Kirchdorf geschieht, zum Teil aber auch, weil sie eine Einladung erhalten haben.

Auch Dietrich ist zusammen mit einigen anderen Bauleuten, an ihrer Spitze der Baumeister, eingeladen.

Als er von seinem Standort auf dem Welschenhof ihm bekannte Bauleute auf die Baustelle zuschlendern sieht, löst er seinen Rücken von der Wand des Gebäudes, an das er gelehnt steht, und bewegt sich auf sie zu.

Viele Bauersleute der Herrlichkeit Meiderich, vor allem die Aufsitzer größerer Höfe wie des Guts zu Borkhaven, des Oberhofes Lakum, des Welschenhofes, des Großeickenhofes und des Backhaushofes, um nur einige zu nennen, wollen es sich ebenfalls nicht nehmen lassen, das Schauspiel zu erleben. Für die Bauern ist das eine willkommene Abwechslung in ihrem tristen und harten Leben. Auch Dietrichs Eltern kommen dazu. Eine Dreiviertelstunde sind sie gelaufen, um von ihrem Hof zum Ort des Geschehens zu gelangen, und man muss ja auch wieder zurück. Andere Bauern haben ähnliche Entfernungen zurückgelegt, sich aber zum Teil auch auf dem Rücken eines Pferdes oder gar einspännig in kleinen Wagen auf den Weg gemacht. Auch die Pferde scheinen die Abwechslung zu genießen und grasen nun friedlich in den Ruhrauen, die vom Kirchplatz zur Ruhr hinterführen.

„Platz da, Leute" schallt es plötzlich von einem Kutschbock herunter und die Menge öffnet eine Gasse. Cracht I von Mylendonk hat es sich nicht nehmen lassen, zweispännig – die edlen Pferde sind aus dem eigenen Gestüt – aus dem fernen Mönchengladbach, wo er Schloss Mylendonk bewohnt, vorzufahren.

Kaum ist der Herr von Meiderich der Kutsche entstiegen und hat sich unter ehrerbietigen Verbeugungen der Anwesenden seinen Weg zu der Stelle, wo der Grundstein in Kürze gelegt werden soll, gebahnt, als erneut Hufgetrappel und das Knarren einer langsamer werdenden Kutsche auf dem Kirchplatz zu hören sind.

Christina Anna Dorothea de Herckenberg und Tackenberg, ist derzeit Äbtissin im Stift Gerresheim nahe Düsseldorf. Seit fast 200 Jahren ist das Kirchspiel Meiderich dem Stift zugehörig und muss ihm Abgaben zahlen. Außerdem hat die Äbtissin das Recht, die Pfarrer in Meiderich einzusetzen.

Sie lässt sich heute durch eine enge Vertraute bei der Grundsteinlegung vertreten. Der Kutscher ist längst vom Bock gesprungen und hält ihr galant den Wagenschlag auf. Abermals öffnen die versammelten Meidericher eine Gasse, um die Dame, deren Herkunft und Aufgabe den Leuten durchaus nicht klar ist, eine Gasse und bezeugen durch Diener und angedeuteten Knicks Respekt. Während der Kutscher Pferde und Wagen auf den Weg zu den Ruhrauen führt und dort hinter dem Gespann des Herrn Mylendonk verharrt, stehen jetzt diejenigen bereit, die den Grundstein legen sollen.

Dietrich Mismahl sieht, wie vier ihm bekannte Bauleute den schweren unbehauenen Sandstein an den vorgesehen Platz im Boden legen. Viele solcher Sandsteine, weiß Dietrich, sind schon in den Tagen zuvor über die Ruhr aus Mülheimer Steinbrüchen angeliefert und auf den Kirchhügel verbracht worden. Die Vertraute der Äbtissin steht nun direkt neben dem Pastor am Grundstein. Etwas versetzt nach hinten steht Cracht von Mylendonk. Die Gerüchte, dass sich der Herr von Meiderich nicht als Hauptakteur der Grundsteinlegung gegen die Gerresheimer hat durchsetzen können, scheinen sich zu bestätigen. Die beiden Parteien lägen des Öfteren im Streit, so hört man, wenn es um die Zehnten aus den drei Abgabebezirken des Kirchspiels und Pachtangelegenheiten gehe. Der von Mylendonk sei diesbezüglich ein harter Hund, sagt man. Dieses Mal scheint er nachgegeben zu haben oder hat aus irgendeinem Grunde zurückstehen müssen.

Der Pastor segnet den Stein, bittet Gott um seine Gnade für den Bau des Turmes und den heiligen Georg um dessen schützende Hand in den kommenden Jahrhunderten und schließt mit „Jesus, Maria, Joseph. Amen."

Die Anwesenden applaudieren, viele bekreuzigen sich und sprechen ein kurzes Gebet.

Dann beginnt die Versammlung sich aufzulösen, und die meisten machen sich zu Fuß, zu Pferde oder - einige wenige - in kleinen Kutschwagen auf den Heimweg.

Dietrich, seine befreundeten Bauleute und der Baumeister beschließen, noch in die Kate auf der anderen Seite des Fuhrweges ‚op den Dick' (heute: Auf dem Damm) zu gehen, in der von der Familie Welschen das Wirtshaus des Kirchdorfes betrieben wird. ‚Ein leckeres Bier wird jetzt gut tun', denkt er. Und schließlich haben die Bauleute auch außer der Grundsteinlegung einen weiteren Grund zum Feiern: Die meisten von ihnen sind für den Bau des Turmes verpflichtet und haben für lange Zeit erst einmal eine Arbeit.

Spät macht sich Dietrich bei sternenklarer Nacht – es ist noch frischer geworden – auf den Weg nach Norden zur heimischen Kate auf dem mismahl'schen Grund. Ein Grinsen liegt auf seinem Gesicht, der Gang ist schwankend.

Zur Geschichte des Ingenhammshofes, Teil 1

Von Dieter Lesemann

Die Unterteilung des Kirchspiels Meiderich in Bauernschaften geht auf kirchliche Bemühungen aus dem 14. Jahrhundert zurück. Man wollte eine Ordnung in die Abgabenpflicht bringen.

Nur sehr wenige Bauern waren zu dieser Zeit Eigentümer der Ländereien, die sie bearbeiteten. Die allermeisten waren ihren kirchlichen oder weltlichen Grundherren gegenüber abgabenpflichtig.

Der Meidericher Pfarrer sollte ein Drittel, das Kloster Gerresheim zwei Drittel des Zehnten, also der Abgaben, erhalten. Deshalb wurde das Kirchspiel Meiderich in drei Bauernschaften unterteilt: die Ober-, Mittel- und Unterbauernschaft. Zu ihnen gehörten wiederum jeweils verschiedene Höfe und Kotten.

Dass sich die noch heute gültigen Bezeichnungen Ober-, Mittel- und Untermeiderich daraus entwickelt haben, liegt auf der Hand.

Bild 4   Der Ingenhammshof Anfang 20. Jahrhundert

Wahrscheinlich ausgehend vom Lakumshof, dem wohl ältesten Hof dieses Siedlungsgebietes, der schon zum Ende des 9. Jahrhunderts erste urkundliche Erwähnung findet, entwickelten sich die acht Bauernschaften. Lakum, Vohwinkel, Berge und Berchum zählten zu den Unterbauernschaften, Meiderich Dorf und Borkhofen waren die Mittelbauernschaften, Lösort und Dümpten bildeten die Oberbauernschaften.

Lösort gehört also zu den Oberbauernschaften und damit der Ingenhammshof als ein Hof der Bauernschaft Lösort neben zahlreichen anderen Höfen.

Seine erste Nennung geht in das Jahr 1447 zurück. Um das Jahr 1500 sollen Götzen und Lysken ingen Harn den Hof bewirtschaftet haben. Der Begriff ,Harn' bedeutet soviel wie Land in einer Flussschleife. Der Emscherverlauf beschrieb damals hier zwei große Flussschleifen. ,ingen' bedeutet soviel wie ,in der' / ,in einer' und aus ,Harn' wurde im Laufe der Zeit ,Ham' bzw. ,Hamm'.

Die erste urkundliche Erwähnung darf man wohl in das Jahr 1528 legen. In dieser Urkunde wird ausgewiesen, dass der Hof an das Stift Hamborn abgabepflichtig ist. 1644 wird ein Dirk ingen Ham als Betreiber des Hofes urkundlich erwähnt.

Der Hof lag umgeben von größeren Waldstücken, in denen, wie es 1764 und 1782 dokumentiert wurde, größere Wolfsrudel zu Hause waren, die auch Vieh auf den Weiden des Hofes rissen.

Im Zuge der Industrialisierung seit Mitte des 19. Jahrhunderts verkauften die meisten Meidericher Landwirte, die inzwischen Eigentümer ihrer Höfe geworden waren, ihre Ländereien an die Industrie.

Der Ingenhammshof blieb zunächst davon verschont. Als 1903 der erste Hochofen des Thyssen Hüttenwerks in seiner unmittelbaren Nachbarschaft angeblasen wurde, nahm der Hof sofort geschäftliche Beziehungen zur Firma Thyssen auf. Er belieferte die werkseigenen Geschäfte mit Lebensmitteln und war mit Pferden und Wagen die Fuhrhalterei, also das Transportunternehmen, der Firma Thyssen, später Thyssen AG.

Im Gegensatz zu den meisten anderen Meidericher Höfen ‚überlebte' der Ingenhammshof auf diese Weise die industrielle Entwicklung

Erst 1919 geriet der Hof in den Besitz von August Thyssen. Der Hof selbst und seine Ländereien blieben aber von industrieller Bebauung verschont, so dass weiter Landwirtschaft betrieben werden konnte.

Von 1922 bis in die 70er Jahre hinein pachtete die Familie Scheiermann den Hof und bewirtschaftete ihn. Zunächst war Heinrich Scheiermann Aufsitzer des Hofes, nach seinem Tode im Jahre 1942 bewirtschaftete seine Witwe den Hof. 1974 verkaufte die August Thyssen AG den Hof an die Stadt Duisburg.

Zur Geschichte des Ingenhammshofes, Teil 2

Von Werner Maistrak

1974 verkaufte die August Thyssen AG den Ingenhammshof an die Stadt Duisburg, und immer wieder kam das Thema ‚Abriss' auf. Im Jahre 1980 entschloss sich die AWO Duisburg, den Hof zu pachten und verhinderte so den Abriss des Hofes. Sie betrieb ihn zunächst als Zentrum für offene Kinder- und Jugendarbeit.

Nach seinem Umbau im Rahmen der ‚Internationalen Bauausstellung Emscherpark' entwickelte die AWO den Hof dann seit 1993 in enger Kooperation mit der Stadt Duisburg und der Gesamtschule Meiderich zum heutigen Lehr – und Lernbauernhof Ingenhammshof.

Bild 5   Während Kinder den Traktor des Ingenhammshofes belagern, freuen sich (v.r.) Werner Maistrak, Dieter Forchmann und Reiner Gänzler über einen Spendenscheck für den Förderverein.

Dass es so kommen konnte, war, neben den Vertretern der AWO, einer Reihe Meidericher zu verdanken, die die Idee verfolgten, hier für die Meidericher Kinder einen Landwirtschaft mit Tierhaltung und Ackerbau betreibenden Bauernhof zu erhalten. Es waren dies: „Chef"-Bauer Dieter Forchmann (AWO), Hermann Bertram (Bezirksvorsteher), Dr. Hartmut Pietsch (Schulleiter Gesamtschule Meiderich), Bruno Sagurna (Rat der Stadt Duisburg), Dieter Lesemann (AKSUS) und meine Wenigkeit, Werner Maistrak (Interessengemeinschaft Meiderischer Vereine).

Meidericher Kinder sollten lernen können, dass eine Kuh nicht lila ist und dass Eier nicht im Supermarkt in Kartons wachsen.

1999 gründeten wir den Förderverein Ingenhammshof und hatten sogleich ein ehrgeiziges Ziel: Anschaffung einer Fotovoltaikanlage und deren Installation auf dem Scheunendach! Jedes der 10 Gründungsmitglieder legte 20 DM in die Kasse und hoffte, dass in einem Jahr die erforderlichen 70.000 DM zusammenkommen würden. Und es klappte!

Banken, öffentliche Fördergelder und viele private Spender halfen mit. Bald wurden die Module auf dem Dach montiert und die ersten Sonnenstrahlen konnten eingefangen werden. Die Stadtwerke nahmen den Strom ab, und diese Erlöse waren der Grundstein für die Rückzahlung der Kredite. Nach sieben Jahren konnte ich glücklich die letzte Rate an die Umweltbank überweisen. Zwischenzeitlich schafften wir noch ein Reitpferd für die Kinder an, richteten eine Ziegenkäserei ein und bauten eine hofeigene Küche für die Nutzung durch Schüler, Lehrer und Eltern ein.

Trotz einiger schlafloser Nächte waren es doch schöne Jahre der Entwicklung des Lernbauernhofes Ingenhammshof. Dass Dieter Forchmann schließlich das Rentenalter erreichte und später eine Brandstiftung große Teile der Gebäude vernichtete, waren zwar einschneidende Ereignisse, doch vor allem die AWO und die Gesamtschule Meiderich ließen sich den Mut nicht nehmen, immer wieder neu anzufangen.

Der Ingenhammshof ist Anlaufstelle und Heimat vieler Kulturen geworden. Zahlreiche Feste werden auf dem Hof gefeiert und laden ein, immer wieder Neues zu entdecken, aber auch, sich an schöne alte Zeiten zu erinnern.

Eine alte Meidericher Gaststätte erzählt

von Heike van der Laden

Die alten Zeiten sind fürwahr
unwiederbringlich nicht mehr da.
Als man den Gerstensaft, den herben,
noch zu 5 Pfennig konnt' erwerben.
Im großen Garten unter Bäumen,
ließ es sich wunderherrlich träumen.
Zur Live-Musik im Pavillon
schwang mancher hier das Tanzbein schon.
Der Gastwirt Mismahl mit Familie
bewirtete im großen Stile.
"Zum Stadtgarten" mit großem Saal,
mich gab's in Meiderich nur ein Mal!

Doch Krieg und seine Ungeheuer
zerstörten dann mein alt' Gemäuer.
Die Trümmer war'n das Fundament
für das, wie man mich heute kennt.
Und mitten in dem Wirtschaftswunder
lief meine Wirtschaft auch gleich runder.
In Hektolitern floss das Bier,
der Wirt dazu spielte Klavier.
Für 60 Pfennig gab's ein Alt,
die Stimmung blieb nicht lange kalt.
Doch wie erwähnt, die alten Zeiten
sind Vergangenheit, nicht zu bestreiten.
Auch Pfennigstage sind passé,
der T€uro tut uns allen weh.

Nun wird nicht lange lamentiert
längst hab´ich neu mich arrangiert
"Mismahl am Markt", mein kleines Eck,
erfüllt auch heute seinen Zweck.
Verpflichte mich der Tradition
gehör' auch heut' zum guten Ton
Und nun sogar im 11. Jahr
bewirtet mich das Vlajic-Paar.

Ganz jung hab'n sich die 2 getraut
und mich beachtlich aufgebaut.
Beleben alte Tradition
mit jugendlicher Innovation.

Die Räume längst in neuem Kleid
sie laden zur Gemütlichkeit.
Ob Frühstück oder Schoppen Wein,
gefeiert will hier gerne sein.
Und jeder Anlass ist mir recht,
ob groß, ob klein, ob gut, ob schlecht.
Ob vorbestellt, ob à la carte,
Marinko kocht gar delikat.
Und Manuela, seine Frau,
stiehlt jedem Mannequin die Show,
besticht durch ihre Freundlichkeit,
die beiden bringen`s hier noch weit.

Auch jugendliches Publikum
steht hier nicht lange dumm herum.
Die freie Zeit könnt ihr bestreiten
im Wohnzimmer aus Omas Zeiten,
so wie es auch die Alten lieben,
als sei die Zeit hier steh´n geblieben

Egal, wer kommt, ist gern geseh'n
Ich kann längst jeden Test besteh'n!
Zu neuen Ufern stets bereit,
hoch lebe sie, die **„Alte Zeit"**!

Bild 6   Gaststätte „Mismahl am Markt"
Historische Aufnahme

Keine Fans für den ‚Mäßigkeitsverein'

Von Werner Maistrak

Wer könnte sie sich überhaupt vorstellen, die Zeit um 1850, als es noch keinen Rundfunk, keinen Fernseher und kein Telefon, geschweige denn ein Handy gab? Man erfuhr nichts von dem, was in der weiten Welt geschah.

Zeitungen konnten sich die meisten Menschen nicht leisten, und so blieb nur der sonntägliche Kirchgang, um Neuigkeiten, aber auch Tratsch und Klatsch zu erfahren. Nach dem Gottesdienst traf man sich in einem der Gasthäuser, die es in Meiderich rund um die Kirche gab.

Das war gleich nahe der Kirche der Welschenhof, in den eingekehrt wurde, um über die vorher gehörte Predigt zu befinden. Interessanter war aber für viele die Einkehr in die Gaststätten „Mismahl" oder „Ingerfurth", beide am Markt-platz gelegen. Hier gehörten dann natürlich zum Nachrichtenaustausch erst-mal ein Schnäpschen und ein Bierchen, um die vom Singen in der Kirche aus-getrockneten Stimmbänder wieder geschmeidig zu machen.

Es blieb dann aber nicht nur bei einem Glas. Und so fand „Mann" - Frauen durften nicht in die Kneipe, sondern hatten sich zu Haus um den sonntäglichen Braten zu kümmern - oft erst sehr spät, leicht schwankend den Weg an den heimischen Mittagstisch.

Bild 7   Auch nicht mäßig:
Ein Meidericher Elferrat um 1900

Dieses war natürlich ein Dorn im Auge des Pfarrers und des Pres-byteriums. Besonders Pfarrer Jo-hann Hermann Gräber (1814 - 1904) wetterte über die „… got-teslästerliche Sünde des Brannt-weintrinkens …", das mit allen Mitteln bekämpft werden müsste. Eigenhändig verfasste er ein Rundschreiben gegen das „Branntweinsaufen" mit der Auf-forderung, einem noch zu grün-denden „Mäßigkeitsverein" bei-zutreten. Leider hatte diese Aufforderung aber nicht den erhofften Erfolg. Die Zahl der Mitglieder hielt sich in überschaubaren Grenzen.

Pfarrer Gräber sah die Entwicklung aber völlig anders. Er schreibt in seiner „Ge-schichte über die Meidericher Kirche": „Die Macht des Branntweins, welche sich in ganz bestimmten Sitten geltend gemacht hatte, wurde total gebrochen, und fortan lag ein Fluch auf dem Branntwein. Während er bis dahin nicht nur geduldet, sondern sogar geehrt war, ist er nun als eins der verderblichsten Dinge für Leib und Seele gebrandmarkt und gemieden!" Das jedenfalls glaubte Pfarrer Graeber.

Leider ist nicht überliefert, wie weit sich das bei den Wirten bemerkbar gemacht hat. Die Wirte - und hier besonders Gastwirt Mismahl – standen weiterhin unter strenger Beobachtung. So wurde auch beschlossen, „daß bei den Hochzeitsmahlzeiten nur ein guter und frommer Spielmann zugelassen werden solle, der die Psalmen zur Zeit der Nüchternheit und Mäßigkeit der Gäste spielet und keine anderen Tanzlieder zu spielen angelobet und um 6, 7 oder 8 Uhr aufhören solle zu spielen."

Und doch fanden die Menschen immer wieder einen Grund zum Feiern. So fand auch bald in Meiderich der Karneval - dazumal ‚Fasenacht' genannt - seine ersten Anhänger. Und gleich hatten die strengen Presbyter auch hier ein wachsames Auge auf das „sündhafte Treiben". Alle Festlichkeiten wurden streng untersagt. Und doch wagten die Meidericher Wirte Wilhelm Meerkamp, sowie Heinrich und Hermann Mismahl es doch tatsächlich, die Meidericher Bürger zu Fastnachtsbällen in ihre Säle einzuladen. Natürlich wurde sofort von der Kanzel gewettert, „dies sei ein öffentliches Ärgernis" und die Wirte wurden mit drastischen Kirchenstrafen belegt.

Bis zum Jahr 2000 dauerte es, bis im Gemeindehaus der erste Karnevalsorden verliehen wurde. Der zu dieser Zeit aktive Meidericher Werbering hatte zu einer Veranstaltung und dazu – das war dank guter Verbindungen möglich – den Duisburger Karnevalsprinzen mit großem Gefolge eingeladen. Und wie es so üblich ist, wurde der erste Prinzenorden an den Hausherrn, und das war Pfarrer Frank Hufschmidt, verliehen, der damit Ordensträger der Evangelischen Kirchengemeinde wurde.

Seitdem standen Saal, Bühne und Nebenräume mehrfach für Karnevalssitzungen zur Verfügung. Und noch etwas Neues kam dazu: Jeden letzten Freitag im Monat öffnet seit dieser Zeit das Haus seine Türen zur „Kirchenkneipe".

Nach einer kurzen Andacht in der Kirche treffen sich viele Gemeindeglieder und andere Gäste dann zu einer lockeren Runde bei einem Gläschen Wein oder einem frisch gezapften Bier. Die Bedienung wird oft auch von den Pfarrern übernommen und immer wieder wird festgestellt, dass viele Gäste öfter in der Kirchenkneipe als in der Kirche zu sehen waren.

Braunes Bier für Bonaparte

Zusammengestellt und bearbeitet nach einem Leserbrief des Wilhelm von der Laden an die Sonntagsausgabe der Rhein – und Ruhrzeitung im Jahre 1926 und einem Artikel des Egon Gelderblom in derselben

Von Dieter Lesemann

Seit dem Jahre 1782 hieß der Strünkmannhof (auch Strüngmannhof genannt) in Lösort von der Ladenshof, als eine Strünkmann-Tochter „einen, der sich von der Laden schrieb", heiratete.

Bezüglich der Familiennamen herrschte bis zur Mitte des 19. Jahrhunderts noch eine gewisse Großzügigkeit. Da wunderte es auch nicht, dass die Nachkommen aus der Ehe eines Sohnes des Lakumshofes und einer Tochter des von der Ladenshofes, auf dem sie fortan lebten, obwohl Lakum getauft, von der Laden genannt wurden.

Der von der Ladenshof lag dort, wo Brückelstraße und Neumühler Straße zusammentrafen und war Nachbarhof des Tübbenhofes, der etwa dort lag, wo Lösorter Straße und Talbahnstraße ineinander übergehen.

Bild 8 *Der Lösorter Hof von der Laden im Jahre 1926*

Im Jahre 1795, in einer dunklen und stürmischen Winternacht, überfielen rheinische Räuberbanden den von der Ladenshof. Bäuerin von der Laden trat, wie es Meidericher Art ist, den Eindringlingen energisch entgegen. Sie wurde jedoch überwältigt, geknebelt und im Schornstein über dem Herd festgebunden.

Man drohte ihr, sie bei lebendigem Leib zu verbrennen, wenn sie es wagen würde, sich zu befreien.

Inzwischen waren aber die Knechte des Hofes auf Umwegen zu den Höfen benachbarter Bauern gerannt, um dort um Hilfe zu bitten. Die Bauern Mismahl, Tübben und Köppen sowie deren Knechte und Mägde bewaffneten sich umgehend mit Sensen und Mistgabeln und gingen zusammen mit den Bediensteten des von der Ladenshofes zu deren Hof zurück und trieben die Räuber in die Flucht.

Lange Zeit plünderten und beraubten Räuber in jener Zeit vornehmlich die Bauernhöfe, bis sie die rächende Themis, die Göttin der Gerechtigkeit, traf und ihrer gerechten Strafe zuführte.

An dieser Stelle sei aus gegebenem Anlass erwähnt, dass der Mismahlshof im Bereich der heutigen Koch – und Voßstraße gelegen hat (Die Straße ‚Am Mismahlshof' erinnert noch daran.). Der Name deutet darauf hin, dass der Hof auf einer zerfallenen (‚mis') ehemaligen Gerichtsstätte (mhd: ‚mahal' / ‚mal') errichtet worden war. 1658 ist ein Karst Mismahl nachzuweisen, der auch Ältester der Meidericher Kirchengemeinde war.

Auf dem von der Ladenshof wurde von jeher intensive Landwirtschaft betrieben. Darüber hinaus war der Hof nicht nur Beschälungsstation – heute würde man Deckstation sagen - , in der die königlichen Hengste den Stuten des hiesigen Kreises und natürlich sich selbst angenehme Augenblicke bereiteten, sondern es wurde hier auch das weit über die Grenzen Meiderichs hinaus beliebte Braunbier gebraut, welches – stark eingemaischt – für längere Zeit haltbar blieb und stets reichen Absatz fand.

Das mag dazu geführt haben, dass Napoleon Bonaparte, seines Zeichens französischer Kaiser, mit seinem Generalstab vor dem Hause von der Laden Rendezvous gemacht hat, um nach dem Genuss einiger Braunbiere weiter nach Duisburg zu seinem Quartier zu reiten. Über den Zustand der Reiter wurde nichts überliefert.

Auf dem Hofe von der Laden herrschte stets großer Fremdenverkehr, vornehmlich Ende des 19. Jahrhunderts, als die Förderung der Ruhrkohle gewaltig zunahm. Da die Eisenbahn nach Ruhrort noch nicht ausgebaut war, wurde Kohle mit Pferdefuhrwerken zum Ruhrorter Hafen transportiert. Der Weg dorthin führte über den von der Ladenshof.

Vor Ort am Hafen konnte nur ‚etappenmäßig' abgefertigt werden. Viele Fuhren hätten bei beginnender Dämmerung den Ruhrorter Hafen nicht mehr rechtzeitig erreicht, um ihre Ware abliefern zu können. So geschah es, dass am Abend eine große Anzahl von Kohle-Fuhrwerken bei von der Laden Halt machten und dort übernachteten.

Die Pferde wurden zusammen mit der Schafherde in deren Stall untergebracht. Der Lebensmittelverbrauch auf dem Hof war so groß, dass täglich unter anderem 15-20 Schinken verschnitten wurden.

So waren im Leben und Treiben auf dem von der Ladenshof die Meidericher Tugenden Streitbarkeit, Zusammenhalt, Geselligkeit und Gastfreundschaft über Jahrhunderte vereint!

Der Emstermann

Von Hermann Fengels

Die Geschichte, die ich hier erzählen will, soll sich zu einer Zeit zugetragen haben, als Meiderich noch ländlich geprägt war und noch relativ viele Bauernhöfe hatte. Ob sie sich wirklich so ereignet hat, kann ich nicht mit Sicherheit
sagen, da ich sie auch nur vom Hörensagen kenne. Trotzdem möchte ich sie
Ihnen nicht vorenthalten, da sie ein Beispiel dafür ist, wie man von alters her
hier bei uns miteinander umgeht, nämlich teils ernsthaft, teils humorvoll und
manchmal sogar etwas fies, aber niemals arglistig und gehässig.

Also: Der Emstermann

Der Bauer vom Emstermannshof war schon sechsunddreißig Jahre alt und
noch immer nicht verheiratet. Er hatte einen schönen großen Bauernhof und
sah auch selbst nicht schlecht aus, aber mit den Frauen kam er nicht zurecht.
In ihrer Nähe stellte er sich an wie ein hölzerner Herrgott.
Wenn er einen Weiberrock nur schon von weitem sah, dann wurde er verlegen
und brachte kein Wort mehr heraus. Die anderen Bauern machten sich schon
lustig über ihn, und sie zogen ihn immer damit auf, bis er es eines Tages leid
war.
Als sie ihn nämlich wieder mal deftig auf die Schippe nahmen, da sagte
er: „Hört mal alle her! Wer es von euch fertig bringt, mir eine vernünftige Frau
zu besorgen, der bekommt von mir die beste Kuh, die ich im Stall habe." Junge,
das war Wasser auf die Mühle des Lakumsbauern. „Was?" rief er, „deine beste
Kuh willst du abgeben, nur für eine Frau? Die besorge ich dir, die kannst du
haben, da brauchst du gar nicht lange drauf zu warten. Auf mich kannst du
dich verlassen."
'Nun muss man wissen, dass der Lakumsbauer Bekannte auf der linken Rhein-
seite hatte, hier in Meiderich sagt man „op gönds Sit". Diese Bekannten hatten
eine Tochter, die sie gerne an den Mann gebracht hätten, denn die war ein
wenig leichtlebig und nahm es auch mit den jungen Burschen nicht so genau.
Genau auf diese hatte es der Lakumsbauer abgesehen, die wollte er dem Emstermann andrehen und brachte sie mit nach Meiderich.
Hier stellte er sie dem Emstermann vor und als der nichts gegen sie einzuwen-
den hatte, da war auch sie einverstanden und nach sechs Wochen wurde
schon Hochzeit gefeiert. Nun wartete der Lakumsbauer darauf, dass ihm der
Emstermann die versprochene Kuh bringen würde. Aber da hatte er sich
schwer in die Finger geschnitten, der Emsterman ließ lange auf sich warten.

Erst nach acht Wochen kam er auf den Lakumshof und hatte ein ganz kleines mickriges Ferkel an der Leine.

„Hier", sagte er, „das ist für meine Frau." „Ja, was soll ich denn mit so einem unterernährten Vieh? Du hast mir doch deine beste Kuh versprochen!" rief der Lakumsbauer, „und die will ich auch haben, denn was Recht ist, das muss auch Recht bleiben!"

Bild 9   Vor dem Köppenhof in der Lakumer Straße, 1937: Bauer Lakum (links mit Zügeln) und Bauer Köppen auf dem Einspänner mit geschmücktem Pferd vor der Abfahrt zum Erntedankfest. Oben vorne auf dem Heu die achtjährige Leni Scharnagel.

„Genau so ist es!" entgegnete der Emstermann, „etwas anderes hast du nämlich nicht verdient. Du hast mir ja auch eine anständige Frau versprochen, aber was du mir da untergejubelt hast, das ist ein Ferkel durch und durch!" Damit drehte er sich um, ließ den Bauer Lakum stehen und wurde von Stund' an nie mehr auf dem Lakumshof gesehen.

Der Lakumsbauer aber hat das Beste daraus gemacht. Er hat das Ferkel aufgepäppelt, und es ist ein stattlicher Eber draus geworden, der ihm noch so manchen Taler nebenbei eingebracht hat. Obendrein hat der Lakumsbauer noch dafür gesorgt, dass die Leute in Meiderich auch etwas zu lachen kriegten, denn er hat seinem Eber einen richtig schönen Namen gegeben: „Emstermann"!

Meine kleine Baustraße

Von Hermann Fengels

Wenn ich durch Meiderichs Straßen geh',
ich oft an jeder Ecke steh'.
Ich schau in alle Winkel rein:
Wo mag nur die kleine Baustraße sein?
Wo ich als Kind geweint, gelacht
und manchen Unfug hab gemacht.
Dort, wo ich aufgewachsen bin,
dort zieht's mich immer wieder hin.
Doch wie ich mich auch dreh' und winde,
ich kann meine Baustraße nicht mehr finden.
Die große wohl, die ist noch da,
doch die ist nicht mehr, was sie war.
Die kleine Baustraß', die ist weg,
vom Fliegen-Berg bis Fischers Eck.
Wo ist die Wiese von von der Laden,
wo wir so manche Schlacht geschlagen?
Wo ist die Kuhle nur geblieben,
wo wir uns immer rumgetrieben?
Auch die Bude von Benninghoff ist fort,
wo manches Bonbon wir geschnorrt.
Wo ist nur Tummes Glasfabrik?
Wo Wirtschaft Mismahl in der Eck?
Wo Schuster Markus, wo Hagenacker
und wo der Elektriker Wiacker?
Wo Henschel, Scholten, wo Thomas Mühle?
Ach, so viele hat's gegeben,
die hier früher konnten leben.
Doch wo sind sie alle geblieben?
Der Krieg hat die meisten von hier vertrieben.
Und was Bomben nicht haben kaputt gemacht,
das hat die A 59 vollbracht.
Das kurze Stückchen, was noch blieb steh'n,
kann man als Rosenau jetzt sehen.
Da hilft kein Schimpfen und kein Fluchen,
ich brauche jetzt nicht mehr viel suchen.
Eine Autobahn geht drüber her,
meine kleine Baustraße gibt es nicht mehr.

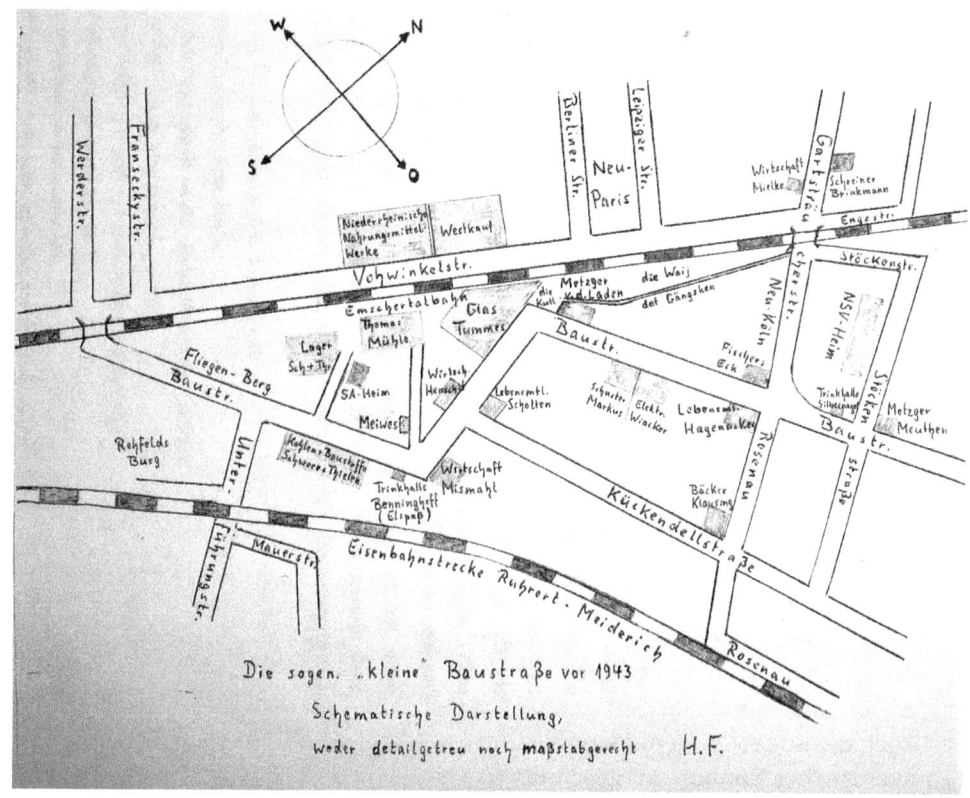

Bild 10 Skizze: "Kleine Baustraße" vor 1943

Baustraße – was ist aus dir geworden?

Von Werner Maistrak

Die Baustraße gibt es natürlich immer noch, aber nur die älteren Meidericher werden sich noch an die beliebte Einkaufsstraße mit ihren zahlreichen Geschäften und Handwerksbetrieben erinnern. Beinahe 30 waren es noch Anfang der Achtziger Jahre.

Auch die Straßenbahn der Linie 12 fuhr einst gemächlich durch die Baustraße und hielt, von Ruhrort über Laar kommend, an der Haltestelle Nr. 170, um dann bis zum Meidericher Bahnhof weiterzufahren. Eine freundliche Schaffnerin kassierte in ihre umgehängte Kleingeldkasse, und für die Kinder war es das größte Abenteuer, vorne neben dem Fahrer zu stehen und mit dem Fuß die „Bimmel", das war die Warnglocke, zu betätigen.

D.-Meiderich. Baustraße

Bild 11   Die Baustraße Ende des 19. Jahrhunderts

Auf der Gartsträucher Straße befand sich ein Teil der Verwaltung und das Depot der Ruhrorter - Meidericher Straßenbahn. „Hier schlafen nachts die Straßenbahnen", sagten die Kinder, wenn sie mit ihren Eltern bei einem Spaziergang dort entlang kamen. Die Straßenbahn gibt es schon lange nicht mehr.

Die Baustraße wurde ,aufgehübscht', neues Pflaster gelegt, dazu einige Blumeninseln, und dann wurde sie zur Einbahnstraße erklärt. Parkplätze gab es kaum noch, und damit zeichnete sich langsam der Weg in die Bedeutungslosigkeit als Einkaufsstraße ab.

1985 inserierten in einer Festschrift der Kirchengemeinde „St. Michael" zum 100-jährigen Kirchenjubiläum noch 25 Firmen auf einer Sonderseite "Baustraße". Ältere Meidericher erinnern sich noch an Geschäfte wie die Bäckereien Hoffstadt u. Thür und Teppich Köppen. Möbel wurden bei Kleinstoll gekauft, Schmuck und Uhren natürlich bei Schmitz und Stute. Nicht zu vergessen die zu dieser Zeit noch kleine Zoohandlung Zajac, die auf der Baustraße den Anlauf zur weltgrößten zoologischen Handlung nahm.

Ob Moden von Schäfer, Schuhe von Dicks, Strickwolle von Gerd und Rita oder etwas „Süßes" von Lehmgrübner, viele Wünsche ließen sich auf der Baustraße erfüllen. Die Reihe könnte fortgesetzt werden, denn auf der Baustraße gab es fast nichts, was es nicht gab.

Aber die Zeiten änderten sich und machten auch nicht vor der Baustraße halt. Der Rücklauf der Geschäftätigkeit war nicht mehr aufzuhalten, wie die Zunahme der Leerstände der Ladenlokale bewies. Sehr schnell musste auch das ‚Thalia'-Lichtspieltheater dem Fernseher Tribut zollen.

Vergessen sollte man aber auch nicht die Praxis der Familie Dr. Suwelak, zunächst der Vater und später auch sein Sohn, die bei kleinen Wehwehchen oder ernsthaften Erkrankungen immer hilfreich zur Seite standen und Anlaufstelle für viele Meidericher waren. In dem Wartezimmer mit den antiken Holzbänken wurde die Wartezeit selten lang. Und war man erst im Sprechzimmer, gab es immer Zeit für ein kleines Schwätzchen. Neben der rechten Medizin gab es oft auch einen guten Rat. Insbesondere bei einer „Krankschreibung" am Montagmorgen nach einem harten Wochenende, wenn der Kopf noch nicht klar war. „Das mir das aber nicht zu oft passiert", war dann Dr. Suwelaks Kommentar.

Es gibt aber auch mahnende Erinnerung an diese einstmals so stolze Einkaufsstraße: Das Eckhaus an der Lösorter Straße war bis zum 2. Weltkrieg das beliebte Warenhaus Winter, bis es Opfer der Nazidiktatur wurde. Ab Anfang der vierziger Jahre wurden in diesem Haus Juden aus ganz Duisburg untergebracht.

Eine Zeitzeugin erinnert sich: „Die Inhaftierten standen unter ständiger Bewachung durch die Gestapo und durften das Haus nur zwischen 16 und 17 Uhr verlassen, um das Lebensnotwendigste im Lebensmittelgeschäft Guder auf der Augustastraße einzukaufen. Sie durften nur von Frau Guder bedient werden." Die Zeitzeugin Frau G. berichtet weiter: „ Im Juli 1942 wollte ich meine Tante auf der Baustraße besuchen. Als ich zur Ecke Lösorter Straße kam, sah ich, wie bewaffnete Männer die Bewohner des Hauses zu einem Lastwagen trieben, auf den sie dann verladen wurden. Ich fragte einen der Uniformierten: „Was machen Sie denn da mit den Menschen?" Seine kurze und knappe Antwort war: „Mädchen, wenn du nicht schnell machst, dass du abhaust, kommst du auch mit auf den Wagen." Da bin ich schnell weggelaufen." Eine Gedenktafel an dem Haus Nr. 34/36 erinnert an die schreckliche Zeit.

Die Schwabenruhr - ein Bach mit geheimnisvoller Quelle?

Von Werner Maistrak

Immer wieder stellen Spaziergänger im Meidericher Stadtpark fest, dass nach heftigen Regenfällen und im Winter nach Tauwetter in der Senke neben den Kinderspielflächen ein beachtlicher See entsteht. Auch im Bereich des Wanderweges zur Schlickstrasse gibt es durch Überschwemmungen oft nasse Füße. An dieser Stelle ist die Erklärung für die Meidericher leicht: Das immer noch vorhandene Bachbett der ‚Schwabenruhr' füllt sich bei viel Niederschlag und hohem Grundwasserstand einfach wieder mit Wasser. Einige glauben sogar an eine unterirdische Quelle.

Dem ist aber nachweislich nicht so. Der Name entstand erst Mitte des 19. Jahrhunderts, als die Zeche Westende 1859 ihre Kohleförderung aufnahm. Dabei wurde auch viel Wasser verbraucht, das dann als Abwasserbach über die noch unbefestigte Westender Straße Richtung Borkhofer Feld abfloss. Abwässerkanäle gab es noch nicht, und daher suchte sich das Wasser den günstigsten Weg.

Schrebergärtner in der Kleingartenanlage Borkhofen können noch heute in ihren Gärten hinter den Wohnhäusern der Borkhofer Straße bei tieferen Grabungen Reste des Kohleschlamms ‚zu Tage fördern'. Der ‚Bach Schwabenruhr' floss dann weiter Richtung ehemalige Duisburger Straße, jetzt Gerrick-/Skrentnystraße,

Bild 12 „Hochwasser" an der Schwabenruhr im Dezember 2012

bis zum Wiesengelände, auf dem etwa vor 100 Jahren der Stadtpark angelegt wurde, und dann weiter bis zur Schlickstraße.

1929 wurde die Kohleförderung auf der Zeche Westende eingestellt und auch der Schlammbach Schwabenruhr war bald Vergangenheit. Aber die Frühjahrsüberschwemmungen kamen wie schon Jahrhunderte vorher immer wieder. 1846 stand das Hochwasser rund um die Kirche über einen Meter hoch, und 1850 wurden sogar Häuser an der Borkhofer- und Lakumer Straße zerstört.Hauptursache der Überschwemmungen war besonders die Ruhr, die mit einigen Nebenläufen bis an den Meidericher Dorfkern heranführte.

Aber das ist mittlerweile Geschichte, denn umfangreiche Regulierungsarbeiten, Deichbauten und zahlreiche Eisenbahndämme hielten das Wasser aus der Ruhr und den Hafenbecken ab.
Nur im Stadtpark gab es bis vor einigen Jahren noch stellenweise „nasse Füße". Im Bereich der Bahnunterführung wurde die Gerrickstraße bald einen halben Meter höher gelegt und an der Schlickstrasse die Unterführung sogar ganz zugemauert. Nur noch ein kleines Teilstück des Wanderweges im Park, etwa in Höhe der Gartenanlage „Liebe die Scholle", erinnert nach starken Regenfällen noch an die „ Schwabenruhr", deren Namensherkunft aber immer noch nicht endgültig geklärt ist.
Manche Stammtischrunde hat sich mit der Namensforschung schon beschäftigt. Den Gipfel erreichte dabei ein Zeitungsleser, der sich in einer Zuschrift als Heimatforscher vorstellte und behauptete, es gäbe unter dem Stadtpark eine versteckte Quelle, die in „grauer Vorzeit" sogar Namensgeber für den Ort Meiderich gewesen sein soll. Die Quelle soll den Namen „Meierk" getragen haben und dem Ort seinen Namen gegeben haben. Belegen konnte dieser „Forscher" seine Behauptungen aber nicht.
Wahr ist jedoch, dass diese versteckte „Quelle" an der tiefsten Stelle des Geländes der enorm hohe Grundwasserstand nach starken Regenfällen und Überschwemmungen der Ruhr war.
Wo die Bezeichnung „Schwabenruhr" herrührt, ist nach wie vor unklar. Sehr wahrscheinlich entstand der Name durch die ehemaligen Ruhrhochwasser und die Dämpfe (Schwaden) der heißen Zechenabwässer. In der Zusammensetzung ist dann vielleicht irgendwann einmal die „Schwabenruhr" daraus geworden. Immerhin ist in Meiderich eine Straße nach ihr benannt und in einem neueren Duisburger Stadtplan (‚Duisburger Norden') ist der Bach ‚Schwabenruhr' wieder eingezeichnet.
Lassen wir es dabei und hoffen, dass wir immer trockenen Fußes durch Meiderich, über die Schwabenruhrstraße und durch unseren Stadtpark spazieren können.

„Einsteigen bitte!"

Zur Geschichte des Meidericher Bahnhofs

Von Werner Maistrak

Jeden Tag kommen viele Meidericher in das Gesundheitszentrum im alten Bahnhof Meiderich. Sie kommen mit dem Auto, der U-Bahn oder dem Bus, nicht selten begleitet von ihrem Bürgersteig-Mercedes, schlicht Rollator genannt. Wohl die wenigsten machen sich Gedanken über die Vergangenheit dieses historischen Gebäudes und seiner Umgebung.

Reisen wir doch heute einmal gut 200 Jahre zurück: „In bunten Formen lächeln Meiderich`s Auen mich freundlich an ..." schrieb 1808 der begeisterte Student Johann Heinrich Nonnen.

Meiderich war zu dieser Zeit noch ein kleines Dorf mit kaum 2000 Einwohnern, die auf kleinen oder größeren Bauernhöfen lebten, kleine Handwerksbetriebe führten und in den für die damalige Zeit typischen Häusern lebten. Wo heute das Bahnhofsgebäude steht, war sicher noch Ackerland, und die Von-der-Mark-Straße sowie auch viele andere Straßen existierten nur als festgetretene Feldwege und hatten noch keine Namen.

Duisburg lag weit weg und konnte auf direktem Wege nur mit der Aakerfähre über die Ruhr erreicht werden. Zur Fähre kam man lediglich querfeldein zu Fuß, mit der Pferdekutsche oder auch mit dem Ackerwagen. Nach Ruhrort führte nur eine Straßenverbindung, in die Wege aus den Nachbarstädten Mülheim/Ruhr, Oberhausen und dem weiteren Ruhrgebiet zusammenflossen. Das war die Provinzialstraße, die, von Neumühl kommend, über die jetzige Bahnhofstraße und weiter über die Bürgermeister-Pütz-Straße und den Nordhafen nach Ruhrort führte.

Über diese, teilweise noch unbefestigte, Strecke rollten die großen Pferdefuhrwerke um im Hafen ihre Waren zu verladen. Auch die in den Zechen geförderte Kohle gehörte dazu. Pausen machten die Fuhrleute und ihre Pferde in den beiderseits der Straße gelegenen Gasthöfen.

Für die Meidericher war das aber alles „weit weg". Was wollten Mann oder Frau denn auch in Duisburg oder gar in noch weiter entlegenen Städten? „Shopping" war noch nicht erfunden und alles, was zum täglichen Leben benötigt wurde, wuchs auf dem eigenen Feld oder den großen Obstwiesen.

Hin und wieder kam mal ein fahrender Händler ins Dorf, der neben seiner Ware, größtenteils Haushaltsartikel und Stoffe für die selbst zu nähenden Kleider, auch Nachrichten aus der weiten Welt mitbrachte. Die wenigen Menschen, die nicht auf dem eigenen Scholle arbeiteten oder als Handwerker ihr

Brot verdienten, arbeiteten im Meiderich-Ruhrorter-Hafen . Alles, was benötigt wurde, kam per Lastkahn über den Rhein.

Die Arbeit im Hafen war mühsam und hart. Aber bald bekamen dann auch die Arbeiter den ersten Kontakt zu den erst neu erfundenen Dampfmaschinen, die ihnen manche Arbeit erleichterten.

In England lebten zu dieser Zeit auch die Brüder Stephenson, die die Idee hatten, die Wasserstraßen durch Eisenschienen an Land zu entlasten. Sie nannten dieses Massentransportmittel dann „Eisenbahn", und 1830 fuhr der erste Eisenbahnzug in England von Liverpool nach Manchester.

Natürlich griffen diese Idee auch deutsche Ingenieure auf, und bereits 1835 trat der erste Personen- und Güterzug, stolz „Adler" genannt, seine Fahrt von Nürnberg nach Fürth an. Und dann folgte Zugstrecke um Zugstrecke in ganz Deutschland, natürlich bald auch in Duisburg.

Ein schlauer Mensch hatte mal ausgerechnet, dass ein Lastkahn mit der Kraft von acht Pferdestärken für den Transport von 1000 Zentnern Kohlen von Duisburg nach Arnheim in Holland 8 Tage braucht, um sie dann für den Überseetransport auf Schiffe zu verladen.

Bild 13   Meiderichs erster Bahnhof, erbaut um 1856,
auf einem Foto von 1910

Mit der Eisenbahn schaffte man es jedoch in 10 Stunden. Deshalb wurde 1843 die „Cöln-Mindener-Eisenbahngesellschaft" gegründet, und bald kreuzten Eisenbahnschienen das ganze Ruhrgebiet.

Auch Meiderich sollte dringend an das Schienennetz angeschlossen werden, denn die Zeche Westende förderte in dieser Zeit mit 490 Bergleuten schon täglich etwa 800 Tonnen Kohle. Aber auch die immer häufiger entstehenden Stahlwerke waren auf diese Transportmittel angewiesen. Zur Herstellung ihrer

Stahlerzeugnisse benötigten sie das Eisenerz aus Schweden und Norwegen und als Gegenfracht wurde ihr gewonnener Stahl wieder in alle Welt befördert.

Bereits am 14. Oktober 1848 wurde die Eisenbahnlinie Ruhrort– Meiderich-Oberhausen in Betrieb genommen. An Personentransport dachte zunächst noch niemand und erst 1856 entstand eine Not- Haltestelle an der Kreuzung Bahnhof-, Walz- und Herkenberger Straße. Ein Bahnhofsgebäude gab es noch nicht, sondern nur eine einfache Bretterbude. Diese Missachtung der Meidericher durch die Bahngesellschaft wurde so begründet: „ Bei der geringen Zahl der reisenden Meiderich lohnt sich ein Bahnhof nicht".

Damit gaben sich die Meiderich aber nicht zufrieden.

Der Gastwirt Hermann von der Laden übernahm diese „Bude" und stattete sie mit einer kleinen Restauration aus, musste aber als Gegenleistung die Aufsicht über diese Haltestelle übernehmen und auch für die Straßenabsicherung sorgen, wenn die Züge, ratternd und qualmend und von der Bevölkerung argwöhnisch bestaunt, die Bahnhofstraße überqueren. Das kam in den ersten Jahren täglich nur zwei Mal vor: einmal hin und wieder zurück.

1867 wurden dann neue Gleisschienen mit einer direkten Verbindung nach Styrum gelegt. Diese konnten aber nicht an der Zeche Westende vorbei geführt werden, sondern mussten etwas weiter westlich verlegt werden. Dafür war aber der Bau eines neuen Bahnhofes erforderlich. Das geschah dann an der Augustastraße, wo er zwischen zwei Bahnsteigen entstand.

Der alte Bahnhof übernahm dann die Aufgaben für die immer stärker zunehmende Güterabfertigung. Dafür gab es jetzt in Meiderich sogar drei Bahnübergänge für die Strecke nach Mülheim, Oberhausen und darüber hinaus. Die inzwischen montierten Bahnschranken mussten natürlich noch in Handarbeit mit der Kurbel von jeweils zwei Mann bedient werden.

Im Bereich Bahnhof-, Augusta-, Herkenberger- und Walzstrasse verliefen aber auch direkte Schienenanbindungen, nicht nur zur Zeche Westende, sondern auch zum Tiglerschen Maschinenwerk und zum 1856 gegründeten Eisenwalzwerk des Michel Thiéry zwischen der Walzstrasse und der Stahl'schen Mühle.

1874 wurde Meiderich eine selbstständige Gemeinde, die im Jahre 1875 mit Karl von der Mark ihren ersten Bürgermeister bekam. Er legte die Schwerpunkte zunächst auf den Bau eines Rathauses, eines Marktplatzes und wichtige Straßenverbindungen.

Ihm folgte 1881 Franz Josef Pütz, unter dessen Amtsführung Meiderich 1894 die Stadtrechte erhielt. Auch der Bau des neuen Bahnhofsgebäudes 1895 fiel in seine Amtszeit.

Das Bauerndorf Meiderich hatte sich längst zu einer ständig wachsenden Industriegemeinde entwickelt, die immer mehr Menschen anlockte. Viele dieser neuen Mitbürger hatten sicher ihren ersten Fußtritt auf Meiderich Boden auf dem Meidericher Bahnhof gesetzt, denn der Zug war zu dieser Zeit immer noch die schnellste und bequemste Reisemöglichkeit.

Wenn man dann in Meiderich eine Wohnung gefunden hatte, musste ja immer noch der Weg zur Arbeit bei den großen Werken gemeistert werden. Das führte irgendwann zu der Überlegung, Schienen auch auf die Straßen zu verlegen. Eine Straßenbahn sollte also her!

Der elektrische Strom dafür blieb vorerst noch ein Zukunftsprojekt, und am 3. August 1897 verkehrte die erste Straßenbahn, noch von einem Pferd gezogen, von Ruhrort nach Meiderich zum Haltepunkt auf dem Meidericher Friederichsplatz, dem jetzigen Bahnhofsvorplatz, und wieder zurück. .In den nächsten Jahren wurde dieses Straßenbahnnetz aber so ausgebaut, dass man vom Meidericher Bahnhofsvorplatz bald jeden anderen Stadtteil und teilweise auch die Nachbarstädte bequem erreichen konnte.

Die selbstständige Stadt Meiderich wurde 1905 nach Duisburg eingemeindet. Da hatte Meiderich schon 41.000 Einwohner.

Mittlerweile war der Zugverkehr so stark, dass die Bahntrassen höher gelegt werden mussten, um kreuzungsfrei zu werden. Dazu waren hohe Dämme und Brücken über die Straßen erforderlich. Als erstes war dieser Umbau für die Strecke Ruhrort – Oberhausen an den Hauptbrücken Biesenstraße, Laaker Straße, Bahnhofstraße und weiteren Straßen in Obermeiderich notwendig.

Natürlich gehörte dazu auch der Bau eines neuen Bahnhofsgebäudes. Er sollte vor dem Bahndamm, vom Friedrichsplatz aus mit direktem Zugang zu den Bahnsteigen, gebaut werden. Aber bis dahin vergingen doch noch einige Jahre. Der Bahnhofsvorplatz sollte in den nächsten Jahren Mittelpunkt für Straßenbahnen und Eisenbahn werden. Dazu kamen dann aber schon die ersten Automobile, die bald stolz ihr Vorfahrtrecht auf den Straßen beanspruchten.

Auf der Kreuzung Viktoria-/Friedrichstraße (heute zur Von-der-Mark-Straße zusammengelegt), Westender- und Bahnhofstraße sorgte dann die erste Würfelampel mit Grün-Rot-Anzeige für den sicheren Verkehrsfluss. Oft führte das dann aber zu Problemen bei den Pferdefuhrwerken, die immer noch zum Straßenbild gehörten und z.B. auch der Versorgung der Bevölkerung dienten. Die Pferde konnten sich an die Motorengeräusche der stinkenden „Ungeheuer" nicht so schnell gewöhnen. Sie legten dann gerne mal den „Galoppgang" ein, und die Kutscher hatten Mühe, sie zu beruhigen.

1904 gab es bereits ein großes Automobilrennen zwischen Berlin und Paris. Dafür wurde dann für einen Tag die gesamte Bahnhofstraße gesperrt. Auch Kaiser Wilhelm II sollte einst den Meidericher Bahnhof durchfahren, und die Meidericher trafen große Vorbereitungen, um den hohen Gast gebührend zu begrüßen. Der Kaiser wurde aber von niemandem gesehen, denn alle Fenster im Zug waren mit Gardinen zugehängt. Seine Majestät blieb unsichtbar.

Am 27. März 1907 war dann wieder ein wichtiger Tag, denn die erste Straßenbahn mit der Nummer 9 fuhr von Meiderich aus erstmals über die neue Aakerfährbrücke direkt nach Duisburg-Mitte.

Endlich, im Jahre 1911 war das neue Meidericher Bahnhofsgebäude fertig gestellt, wurde im Oktober 1912 offiziell übergeben und damit die direkte Eisenbahnfahrt zum Niederrhein möglich gemacht, da zeitgleich die Rheinbrücke bei Haus Knipp für den Verkehr freigegeben wurde.

Die Übergabe des Rhein-Herne-Kanals, an dessen Bau zigtausend Arbeiter beteiligt waren, wurde am 17.7.1914 festlich begangen, fiel jedoch schon in die Zeit der Mobilmachung, denn der 1. Weltkrieg begann am 1. August 1914. Die Schienenfahrzeuge wurden schnell für den Truppentransport vereinnahmt, denn ein großer Teil der einberufenen Soldaten wurden mit der Eisenbahn, oft in Güterwagen, an die entstehenden Fronten befördert. Noch zogen sie stolz für „Kaiser und Vaterland" in die Schlacht

1918 hatte der Kriegswahn dann ein „Ende mit Schrecken". 1.600 Meidericher kehrten nicht mehr zurück. Ungezählt die Kriegsverletzten, die am Meidericher Bahnhof in die Heimat zurückkehrten.

Ab Mitte der zwanziger Jahre kehrten wieder etwas bessere Zeiten ein. Es konnte wieder verreist werden, und einige Menschen schafften es sogar schon bald zum eigenen Auto. Auch immer mehr LKWs transportierten Waren für die Gewerbe und die Versorgung der Menschen und waren für die Eisenbahn bald eine spürbare Konkurrenz.

Politische Unruhen und wirtschaftliche Probleme führten am 31. Januar 1933 zur Diktatur des Nationalsozialismus in Deutschland.

Besonders schlimm traf es die Meidericher Juden, die nicht nur ihre Freiheit, sondern oft auch ihr Leben lassen mussten. In PKWs und LKWs wurden sie aus ihren Wohnungen und Häusern verschleppt und auch vom Meidericher Bahnhof aus mit Zügen in die Konzentrationslager der Nazis deportiert.

Am 1. September 1939 begann mit dem Einmarsch in Polen der schreckliche 2. Weltkrieg. Wieder wurde die Eisenbahn als wichtigstes Hilfsmittel für den Transport der Soldaten an die Fronten in bald ganz Europa eingesetzt. Die Waggons mussten nicht selten als fahrende Plakate für die zynischen Parolen der Nazis: „Räder müssen rollen für den Sieg" und „Erst siegen - dann reisen" herhalten.

Mit der bedingungslosen Kapitulation am 8. Mai 1945 endete der 2. Weltkrieg. Viele Meidericher sahen die Heimat nicht wieder oder waren in Kriegsgefangenenlagern, aus denen sie, geschunden an Leib und Seele, im Laufe der Jahre wieder zum Meidericher Bahnhof und damit in ihre Heimat zurückkehrten.

Das Schienennetz und auch die Bahnhöfe wurden notdürftig wieder instand gesetzt. Die Menschen mussten ja versorgt werden.

Nicht selten vom Meidericher Bahnhof aus begannen auch die Hamsterfahrten in die Bauerndörfer am Niederrhein und in Westfalen. Was tauschbar war, wurde mitgenommen, und abends war man froh über einige Kartoffeln, ein Stückchen Speck oder auch mal einige Eier, um vor allem den Kindern eine Zusatzmahlzeit auf den Tisch zu bringen. Diese Fahrten waren teilweise „Horrorfahrten", denn die Züge waren hoffnungslos überladen. So manche Fahrt wurde notdürftig auf den Außentritten oder auch schon mal liegend auf dem Zugdach überstanden.

Die große Wende kam dann mit der Währungsreform am 20. 06. 1948. Alle mussten mit 40 DM beginnen, und plötzlich waren die Schaufenster wieder voll, und es konnte wieder eingekauft werden.

Es dauerte auch gar nicht lange, da dachten die Menschen schon wieder an Urlaub. Per Motorrad, mit dem über die Kriegsjahre geretteten Auto, aber besonders mit der Eisenbahn, die jetzt wieder nach einem festen Fahrplan verkehrte, ging es in den Süden. Besonders in der zweiten Hälfte der 50er Jahre, also in der Hochzeit des ‚Wirtschaftswunders', lief das Auto dem Zug für die Urlaubsfahrten zunehmend den Rang ab. Arbeit gab es genug und bald in den 60er Jahren wurde schon der Ruf nach Gastarbeitern immer lauter. Die ersten, anfangs waren es Italiener und schon bald auch Türken, würden auf den Bahnhöfen noch mit Musik begrüßt. Nach dem ‚Wirtschaftswunder' setzte jedoch das ‚Zechensterben' ein. Außerdem wuchs der Straßenverkehr zu Lasten der Bahn. Die Folge war, dass Strecken aufgegeben, Gleise abgebaut und Verbindungen eingestellt wurden.

In den nächsten Jahrzehnten wurde der Meidericher Bahnhofsvorplatz immer weiter umgestaltet und veränderte sein Gesicht stark.

Der Meidericher Bahnhof blickte auf zahlreiche Großbaustellen zu seinen Füßen: Das Bahnhofshotel mit seinen zahlreichen Anbauten verschwand ebenso wie der Friederichsplatz und die Friederichstraße. Anstelle des Bahnhofshotels entstand ein großer Wohn- u. Geschäftskomplex, der auch das Bezirksamt Meiderich-Beeck beherbergt.

Seit dem Jahr 2000 enden in Meiderich die aus Düsseldorf bzw. Duisburg kommenden U-Bahn-Linien. Die Straßenbahnschienen verschwanden immer mehr und Buslinien, die im Zentralen Omnibusbahnhof zusammenkommen, übernahmen ihre Aufgabe. Radfahrer freuen sich über den Grünen Weg, der auf einer ehemaligen Bahntrasse von Süd nach Nord durch Meiderich führt.

Auf dem Bahnhofsvorplatz wurden große Stadtteilfeste gefeiert. 15 Folklorefestivals, U-Bahn-Feste, Straßenläufe, St. Martin hoch zu Ross und sogar ein großes Chorkonzert in der U-Bahn-Röhre lockten viele Menschen aus Nah und Fern nach Meiderich. Der Meidericher Markt verließ den Marktplatz an der Bahnhofstraße und findet nun auf dem Bahnhofsvorplatz statt.

Nur das Bahnhofsgebäude blieb, verlor jedoch im Laufe der letzten 5 Jahrzehnte immer mehr seine ursprüngliche Bestimmung. Die einzige Zugverbindung, die RB 31, verkehrt noch stündlich von Ruhrort nach Oberhausen und zurück. Der Zugang zum Bahnsteig geht jetzt von der Singstraße über eine steile Treppe nach oben. Der Aufzug ist meist „Außer Betrieb", denn oftmals lassen Jugendliche ihre überschüssige Kraft daran aus.

Im Bahnhof selbst versuchten sich Kleingewerbe und Speiserestaurants – letztendlich erfolglos.

Die Zeit des Meidericher Bahnhofs, in dem so viele Menschen ihre erste Schritte auf Meidericher Boden gesetzt haben, um hier eine neue Heimat zu finden, in dem aber auch viele ihren Abschied genommen haben, vielleicht für immer oder nur für eine Reise, seine mehr als 100 Jahre währende Zeit schien vorbei.

Bis Eric Nellen kam, den Bahnhof kaufte, ihn aufwändig, aber denkmalgerecht umbaute und dort seit 2012 sehr erfolgreich sein Gesundheitszentrum betreibt.

Märchenhaftes Meiderich

Von Helmut Willmeroth

Hektische Tage im Ev. Gemeindehaus Mittelmeiderich in der Adventszeit 1984: Die Premiere von ‚Aschenbrödels Schuh' stand bevor. Das Stück sollte zum 25jährigen Jubiläum der Meidericher Märchenbühne am 19. Dezember aufgeführt werden.

Aber der Reihe nach: Es war einmal ein ‚Männergesangverein Obermeiderich', der, wie in jedem Jahr, auch 1959 eine Weihnachtsfeier ausrichten wollte. Wie jedes Jahr? Chorgesang und Gedichtvortrag? „Toll wäre ja", sinnierte Heinz Stockum, der damals Vorsitzender des Gesangvereins war, „wenn es uns gelänge, Kinder mitwirken zu lassen; sozusagen als Gegenstück zu uns alten Männern." Diese Überlegung fiel auf fruchtbaren Boden.

Gretchen Günscht und Mariechen Lauer griffen die Idee auf, scharten zahlreiche Kinder um sich und begannen, das „Stroh zu Gold zu spinnen". Ach wie gut, dass niemand wusste, dass das Märchen, das zur Aufführung kommen sollte, ‚Rumpelstilzchen' heißen würde.

Bei den Proben waren die Kinder mit so viel Spaß bei der Sache, die beiden Damen so motiviert und die Herren des ‚Männergesangvereins Obermeiderich' bei der Aufführung des Märchens so begeistert, dass sich alle sicher waren: Das muss man fortsetzen! Da könnt ihr denken, wie die Königin froh war! heißt es im Märchen. In diesem Falle waren es die Meidericher.

Das war praktisch die Geburtsstunde der Meidericher Märchenbühne. Jährlich wurde nun ein Märchen einstudiert und aufgeführt. Immer mehr Kinder fanden Gefallen daran, einmal als Schauspieler aufzutreten und beteiligten sich mit Feuereifer an den Proben. Die Zahl interessierter Vereine und Einrichtungen, die die Märchenbühne für Aufführungen engagierte, wurde immer größer.

1968 stieg Tausendsassa Werner Maistrak bei der Märchenbühne ein. Er wollte vor allem den Kindern eine zusätzliche Freizeitbeschäftigung bieten und ihnen Alternativen zu dem Löwen Daktari, der Collie-Hündin Lassie und den Zeichentrickfiguren Lolek und Bolek, die die Kinderfernsehprogramme zu jener Zeit beherrschten, aufzeigen.

Darüber hinaus sollten Märchen, die schon die Eltern und Großeltern seiner schauspielernden Kinder fasziniert hatten und die in den 60er Jahren etwas in Verruf geraten waren, wieder zu Ehren kommen. Dabei waren es nicht nur diejenigen, die die Gebrüder Grimm und Hans-Christian Andersen gesammelt hatten. Oftmals griff ‚Onkel Werner', wie er als Intendant der Meidericher Märchenbühne gern liebevoll genannt wurde, selbst in die Ideenkiste und schrieb eigene, märchenhafte Erzählungen für die Kinderbühne.

Sichtlich beeindruckt von den Leistungen dieses kleinen Schauspielensembles zeigte sich auch einst Götz George alias Horst Schimanski, seines Zeichens von 1981 bis 1991 Duisburger Tatort Kommissar. Er empfing die Kinder in einer Drehpause im Wedau-Stadion und erhielt seinerseits eine Urkunde als ‚Ehrendetektiv' aus den Händen der kleinen Schauspieler, die zu jener Zeit gerade mit Emil und den Detektiven beschäftigt waren.

„Wenn ich mal keine Filmrollen mehr bekomme", scherzte George dann beim Abschied, „dann spiele ich bei euch mit."

Das zu Beginn erwähnte Märchen-Theaterstück ‚Aschenbrödels Schuh' wurde dann zum 25jährigen Jubiläum der Meidericher Märchenbühne uraufgeführt. Die textlichen Ursprünge gingen auf Richard Weber zurück, der von 1892 bis 1934 Lehrer an der Ev. Volksschule an der Obermeidericher Straße war, seit 1924 als Rektor. Sein Enkel, Rechtsanwalt Wolfram Weber, gab die Genehmigung, den in Meierksch Platt verfassten Text für ein Theaterstück der Meidericher Märchenbühne umzuschreiben.

Dieser Aufgabe widmeten sich Werner Maistrak und Helmut Millinghaus, längjähriger Rektor an der Bronkhorstschule und Vorsitzender der Interessengemeinschaft Meidericher Vereine. Der Erlös des Theaterstücks wurde für die Unterstützung eines Patenkindes der ‚Kindernothilfe' verwandt.

Wäre die Geschichte der Meidericher Märchenbühne ein Märchen, würde sie vielleicht mit den Worten enden: „und wenn sie nicht gestorben ist, dann gibt es sie noch heute." Doch leider, leider: Sie existiert nicht mehr. Vielleicht bedarf es eines neuen Märchens, das mit den Worten beginnt: „Es war einmal ein Meidericher Verein, der wusste nicht, wie er seine Weihnachtsfeier gestalten und Kinder einbeziehen könnte…"

Bild 14 Einladung zu „Aschenbrödels Schuh"
der Meidericher Märchenbühne 1984

Die Stahl'sche Mühle

Von Dieter Lesemann

„Die Mühle ist weiblich – und eine Dame fragt man nicht nach ihrem Alter." – Das müssen sich all diejenigen gedacht haben, die Texte zur Geschichte der Stahl'schen Mühle veröffentlicht haben. Denn nach diesen Darstellungen ist die Mühle heute, im Jahre 2018, etwa zwischen 420 und 150 Jahre alt. Der Bogen spannt sich von einer vermuteten Errichtungszeit „um das Jahr 1600" über „im 18.Jahrhundert" bis hin zu „1867 durch Johann Stahl.".

Realistisch ist allerdings eine Bauzeit in der Mitte des 19. Jahrhunderts, wie die Analyse der Ziegel, die beim Mühlenbau verwendet wurden, ergab. Folgt man ernstzunehmenden Quellen, dann ließ der Meidericher Landwirt Christian Welschen, der seinen Hof neben der Evangelischen Kirche Auf dem Damm hatte, die Mühle 1858 errichten. Die Stahl'sche Mühle feiert demnach in diesem Jahr ihren 160. - also einen runden – Geburtstag, und die ‚Dame' ist damit weitaus jünger als oft angenommen.

1858 - erstaunlich spät, wenn man bedenkt, dass die Stahlindustrie schon seit einigen Jahren, beginnend im Westen in der Bauernschaft Vohwinkel, dabei war, immer mehr Meidericher Bauernland zu verschlingen und der Wandel vom „größten Dorf Preußens" zum Industrie-Standort längst eingeläutet und unaufhaltsam war. Wahrscheinlich konnte und wollte sich niemand vorstellen, dass die mehr als tausendjährige Landwirtschaft in Meiderich in den nächsten Jahrzehnten nahezu vollkommen verschwinden würde.

Die Stahl'sche Mühle ist eine sogenannte Holländer – oder Kappenwindmühle. Die Kappe war drehbar, so dass die Mühlenflügel immer gut zum Wind gestellt werden konnten. Diese Art Mühle war die modernste Entwicklung der klassischen Windmühle, die

Bild 15   Die „Stahl'sche Mühle" um 1900

im 16. Jahrhundert die Bockwindmühle ersetzte. In der Regel waren diese - aus Backsteinen erbauten - Mühlen Getreidemühlen.

Die Stahl'sche Mühle stellt darüber hinaus den besonderen Typ der Wallhol-länder-Mühle dar. Diese Mühlen wurden auf einem künstlichen Erdwall errichtet, um das Flügelrad höher in den Wind zu bringen.

Das Gelände, auf dem die Mühle errichtet wurde, gehörte zum Großeickenhof, einem der größten Höfe der Bauernschaft Dümpten und des gesamten Kirchspiels Meiderich. Seit Mitte des 19. Jahrhunderts hieß der Hof Böllerthof. Das erklärt auch die in den Torbogen des ehemaligen Müllerhauses eingemeißelte Inschrift „Helena Böllert, 1871". In diesen Torbogen, der bei der Restaurierung in den Anbau der Mühle, der einst das Sacklager war, integriert wurde, ist auch der Name des Müllers Johann Stahl zu lesen, der die Mühle in den 1860er Jahren übernommen hat. Er war somit auch Namensgeber für die Mühle.

Die Stahl'sche Mühle wurde als Genossenschaftsmühle gebaut, die sicher auch Getreide von Höfen anderer Meidericher Bauernschaften als denen Dümptens zu Mehl verarbeitete. Mit schweren Pferdefuhrwerken, die über zum Teil unbefestigte Wege und über Straßen mit Kopfsteinpflaster rumpelten und deshalb ‚Bollerwagen' genannt wurden, belieferte ‚Möhle Jan(n)', wie der Müller Johann Stahl gerufen wurde, bis in die 1920er Jahre die Meidericher Bäcker.

Neben der Windmühle von Johann Stahl wird auch noch eine Windmühle des Landwirts Wilhelm Thomas erwähnt, die 1845 erbaut aber schon vor langer Zeit abgerissen wurde.

Ebenfalls auf Ländereien des Großeicken – bzw. Böllerthofes errichtete im Jahre 1856 Francois Michel Thiéry sein Eisenwalzwerk, das zwischen Bronkhorst -, Bahnhof – und Walzstraße stand, nur durch die Bahnlinie von Ruhrort nach Oberhausen von der Zeche Westende getrennt.

Im Schlagschatten der Mühle, im Eck Bronkhorst – und Bahnhofstraße, etwa dort, wo heute die Filiale der Gesamtschule Meiderich steht, ließ Thiéry sich 1861 sein prachtvolles Wohnhaus, das die Meidericher auch ‚Das Schloss' nannten, bauen. Es wurde im 2. Weltkrieg zerstört und Anfang der 1950er Jahre abgetragen. Die Schlossstrasse erinnert noch daran.

Nicht ganz so komfortabel wurden seine Arbeiter untergebracht. Viele von ihnen waren Franzosen oder Französisch sprechende Belgier, die in drei einstöckigen, einfach errichteten Doppelhäusern auf der Anhöhe der Stahl'schen Mühle jenseits der Bronkhorststraße einquartiert wurden. Seitdem heißt die Anhöhe, auf der die Mühle steht, in Meiderich ‚Franzosenberg'.

Die großzügige Kohlenausbeute im Schacht I der Zeche Westende seit 1856 ließ 1895 größere Flächen Obermeiderichs um bis zu 4 Meter absinken und nahm so auch die Stahl'sche Mühle gehörig aus dem Wind. Sie musste sogar vorübergehend stillgelegt werden. Das brachte natürlich Möhle Jan(n) auf den Plan, und er verklagte die Zechenverwaltung. Das Gericht gab dem Müller Recht, und Zechenleiter Direktor Thate musste einen 3 Meter hohen Steinkranz aufsetzen lassen, um die Mühle wieder in luftige Höhe zu bringen.

Die sich ausbreitende Industrie verlangte auch nach immer mehr Bauland, um Wohnhäuser für die ständig wachsende Zahl der Arbeitskräfte errichten zu können. So wurde seit 1904 auch an der Bronkhorst – und Bahnhofstraße mehrgeschossig gebaut, was der Windmühle endgültig den Garaus machte, jedenfalls als Windmühle. Sie wurde fortan elektrisch betrieben und leistete noch bis 1929 ihre Dienste und wurde dann endgültig stillgelegt. Zwischenzeitlich – im Jahre 1920 – waren ihr die Flügel abgenommen worden. Sie waren morsch.

Traurig waren übrigens auch die zahlreichen Meidericher Brieftaubenzüchter, stellte die Mühle doch ein unerschöpfliches Futterreservoir dar.

Möhle – Jan(n), der letzte Müller, starb im Jahre 1942 und musste den Fliegerangriff im folgenden Jahr, bei dem das Dach der Mühle schwer beschädigt wurde, nicht mehr miterleben. Das Dach wurde provisorisch hergerichtet. Der konische Rumpf der Mühle mit den Westfenstern und ihren Backsteinstürzen blieb jedoch vollständig erhalten.

Etwas Leben kam zwischenzeitlich in die Mühle, als ein Mercedes-Betrieb in der Mühle und ihren Nebenräumen seine Reparaturwerkstatt einrichtete und eine Firma für Bauchemie sie als Chemikalienlager nutzte.

1985 wurde der Mühlenrumpf endlich unter Denkmalschutz gestellt, Maßnahmen, die den weiteren Verfall der Mühle gestoppt hätten, wurden indes nicht ergriffen.

Da kam es 1999 zum Glücksfall für die Mühle und den ganzen Stadtteil: Die Familie Dahmen, die sich seit 1883 in Meiderich der Raumplanung und Objektausstattung verschrieben hat, kaufte die Mühle und den dazugehörigen Grund und Boden von der Stadt Duisburg. Das vor der Mühle zur Bahnhofstraße hin gelegene Müllerhaus konnte leider nicht mehr gerettet werden. Die Mühle hingegen und ihre Anbauten erstrahlten nach vierjähriger, liebevoller und denkmalgerechter Restaurierungsarbeit in neuem Glanz und dienen nun der Firma Dahmen als Ausstellungsfläche für ihre Büromöbelsysteme.

Der Mühlenrumpf, der Torbogen im ehemaligen Sacklager und die Mühlsteine im Außenbereich lassen die 160jährige Geschichte der Mühle lebendig werden.

Notiz am Rande: Nicht nur die Brieftaubenzüchter im alten Meiderich erfreuten sich an der Existenz der Mühle. Ein Ehepaar in der Nachbarschaft der Mühle, das die Hunderasse ‚Schnauzer' züchtet, gab seinem Zwinger den Namen ‚von der Stahl'schen Mühle'. So tragen Urkunden von der Abstammung reinrassiger Schnauzer den Namen der Meidericher Mühle vielleicht in alle Welt...

Der Hahn stolziert durch Meiderich

Von Helmut Willmeroth

„Die kratzen und beißen wie die Hähne!" sagten die Ruhrorter Burschen über die Meiedericher, wenn sie nach der einen oder anderen Rauferei auf den traditionellen Frühjahrs- oder Herbstkirmessen in Meiderich, Ruhrort, Beeck oder Homberg wieder nach Hause zogen.

Die Meiedericher Herbstkirmes z.B. fand in der zweiten Hälfte des Monats September statt und dauert 2-3 Tage. Sie wurde zum Abschluss der Erntearbeit auf dem Felde gefeiert. Auch hier kam der Hahn im guten Sinne zur Geltung. An den Festtagen der Meiedericher Kirmes stand nämlich traditionell ‚Hahnesupp' ganz oben auf dem Speiseplan der Meiedericher Familien.

Eine ganz besondere Art von „Zuneigung" entwickelte sich zwischen den Meiederichern und den Ruhrortern. Spätestens seit 1808, als Meiderich und Ruhrort auf Anordnung Napoleon Bonapartes zu einer ‚Munizipalität' (Gemeinde)

Bild 16   Der "Meierksche Haan" beim "1000-Jahre-Rheinlande" Umzug 1925 vor der Gaststätte Ingerfurth am Meiedericher Markt

zusammengelegt wurden, schwelte eine Rivalität zwischen den beiden Orten, die auch 1905, als beide schließlich mit der Stadt Duisburg vereinigt wurden, nicht wirklich beigelegt war.

Erst im Jahre 1925 griff der Meidericher Stuckateur und Bildhauer Hans van Cleff die Idee des Hahns als Meidericher Symbolfigur künstlerisch auf und schuf in seiner Firma, zusammen mit seinen Mitarbeitern Josef Ruckes, Gustav Schulz und Willi Pieper, einen 3,50 Meter großen und mehr als 3500 Kilogramm schweren Hahn. Der Sohn von Josef Ruckes brachte seinem Vater täglich den Henkelmann zum damaligen Bauhof an der Rosenbleckstraße und sah den Hahn wachsen. Der hatte seinen ersten großen Einsatz gleich im Jahr seiner Erschaffung, als er anlässlich der Feier zum tausendjährigen Bestehen der Rheinlande auf einem zwölfspännigen Prunkwagen in Anwesenheit des Reichspräsidenten Paul von Hindenburg durch Meiderich gezogen wurde. Nach Abschluss der Festlichkeiten fand der Hahn dann auf dem Grundstück seines Schöpfers Hans van Cleff ein Zuhause. Den Blick hatte er natürlich streng gen Ruhrort gerichtet, um die ‚Tönnekesdrieter', wie die Meiderich die Ruhrorter ‚liebevoll' nannten, unter Kontrolle zu halten.

Bevor sich das Zebra als Meidericher Maskottchen durchsetzte, war es übrigens Anfang der 50er Jahre auch ein Hahn, in einem Drahtkorb, der dem Meidericher Spielverein Glück im Spiel bringen sollte.

Mitte der 60er Jahre allerdings wurde auf dem Grundstück van Cleffs die Hollenbergschule gebaut, und es hieß, für den Meidericher Hahn eine neue Heimat zu finden. Schließlich sollte er nicht dem Bagger zum Opfer fallen, wie in besonderem Maße die Familie Tummes meinte. Sie kaufte der Familie des Künstlers den Hahn für 500 harte D-Mark ab und stellte ihn innerhalb von zwei Tagen mit schwerem Gerät und zahlreichen freiwilligen und gewerbsmäßigen Helfern auf dem eigenen Grund und Boden an der Straße Auf dem Damm wieder auf – den Blick natürlich wieder streng gen Ruhrort. Schon damals war klar: Der Hahn erhält Asyl im Garten der Familie Tummes bis inmitten des Meidericher Stadtbildes und für alle Bürgerinnen und Bürger sichtbar ein würdiger Standort gefunden würde.

Und den fand man schließlich nach Abschluss der Sanierungsarbeiten der Von-der-Mark-Straße zu Beginn dieses Jahrhunderts, als der Meidericher Hahn seinen vorläufig endgültigen Platz an der Ecke zur Kirchstraße, da wo früher die Gastwirtschaft „Zum deutschen Eck" der Familie Haferkamp gestanden hatte, bekam. Sein Blick geht nicht mehr argwöhnisch nach Ruhrort – dieser Streit ist lange beigelegt – sondern lädt die mit der U-Bahn Anreisenden freundlich zum Einkaufsbummel auf Meiderichs Basarstraße ein.

Dass sein Platz für immer in Meiderich sein würde, da war sich der Hahn sicher. Hans Wilhelm Tummes, dessen Familie den Hahn 2002 der Stadt gestiftet hatte, sah ihn als ein Symbol der hier lebenden Menschen und deren Verbundenheit mit Meiderich und schrieb ihm diese Reime auf den Sockel:

Ich sah das Kommen und das Gehen,
nahm Teil mit Herzen am Geschehen,
soweit mein Meiderich es betraf
und meine, mehr denn je bedarf
es guter Freunde, die es lieben,
mein Meiderich, dem treu geblieben
sie sind – wie ich – ein Leben lang.
Dann ist auch künftig mir nicht bang,
dann steh' noch lang mit stolzer Brust
in Meiderich ich selbstbewusst!

Dass der Hahn in wenigen Jahren seinen 100. Geburtstag feiern kann, liegt wohl an der besonderen Zementmischung, die bis heute Betriebsgeheimnis blieb.

Der Vollständigkeit halber sei noch erwähnt, dass der Hahn als Symbol uns in Meiderich häufig begegnet. Inzwischen gibt es auch zwei weitere Skulpturen, von denen eine am Ende der Basarstraße an der Ecke „Auf dem Damm" und eine andere in dem Verteilerkreis (Für Nicht-Meidericher: Kreisverkehr) Bronkhorststraße / Emmericher Straße steht.

Die Gummibrücke

Von Helmut Willmeroth

Im Jahre 1963 waren am 04. September die Sommerferien in Nordrhein-Westfalen zu Ende. Doch nur zwei Tage später war an vielen Schulen in Meiderich schon wieder verkürzter Unterricht: Willy Brandt, der Regierende Bürgermeister von Berlin und spätere Bundeskanzler der Bundesrepublik Deutschland (1969-1974), weilte in Meiderich!

Er war gekommen, um ein Bauwerk einzuweihen, das mit 1824 Metern Länge, die längste Brücke Europas darstellte. Diesen historischen Augenblick wollte nahezu ganz Duisburg miterleben und natürlich die Meidericher Schülerinnen und Schüler. So bewegten sich sternförmig Schülergruppen von nahezu allen Schulen Meiderichs Richtung

Bild 17 1963 übergibt Willi Brandt die Berliner Brücke der heutigen A59 dem Verkehr. Arnold Dehnen Ratsherr und Vorsitzender des Meidericher Bürgervereins vollzieht die Freigabe.

Bürgermeister-Pütz-Straße, um den Worten Willy Brandts zu lauschen und die Freigabe der Nord-Süd-Straße zu erleben.

Die Kühnheit dieses Bauwerks, das den Ruhrschnellweg, die Ruhr, den Rhein-Herne-Kanal, großes Industriegelände, das Hafenbecken C und den Meidericher Stadtpark überspannte, nötigte der Fachwelt, auch in den kommenden Jahren, immer wieder Respekt ab.

Schon 1906 träumten Duisburger Stadtplaner von einer Nord-Süd-Brückenverbindung zur damals noch selbstständigen Stadt Hamborn. Zu der Zeit ging es natürlich nicht um eine Autobrücke, sondern um eine Zugstrecke.

Dann näherte sich plötzlich ein schwarzer Mercedes mit einer kleinen Flagge auf dem rechten Kotflügel, die den Berliner Bären zeigte. Das zeigte jedenfalls ein Foto, das am nächsten Tag im Duisburger Generalanzeiger zu sehen war. Wir, die wir ziemlich weit weg vom Geschehen standen, konnten das alles nur erahnen.

Die Lautsprecher, die die Reden der Einweihenden verstärkten, waren dagegen gut zu hören. Zu gut, wie die meisten Schüler fanden, mussten sie doch fast eine Stunde lang schier endlose Zahlen über sich ergehen lassen: wie viele

Tonnen Walzstahl, wie viele Tonnen Stahlguss, wie viele Tonnen Zement, wie viele Kubikmeter Kies, wie viele Millionen DM und so weiter und so weiter.

Spannend fand ich allerdings, dass es den Ingenieuren gelungen war, eine Brücke zu bauen, die sich durch hydraulische Pressen hebt und senkt und sich so der allmählichen Absenkung des Hafengebietes als Folge des Bergbaus anpassen kann.

„Das ist also eine Gummibrücke!" rief ein Mann in dunkelblauem Anzug, weißem Hemd, weinroter Krawatte und dunkelblauem Hut, der sich wohl extra zu Willy Brandts Besuch schick gemacht hatte, obwohl ja nur Freitag und nicht Sonntag war. Jedenfalls hatte er die Lacher auf seiner Seite. „Gummibrücke" – das wollte ich mir unbedingt merken.

Dann war Applaus über die Lautsprecher zu hören. Jetzt hatte der Meidericher Bürger und Duisburger Ratsherr Arnold Dehnen im Beisein des Berliner Regierenden Bürgermeisters wohl das Band durchschnitten und die Nord-Süd-Straße für den Autoverkehr freigegeben. Wenig später fuhren er und Willi Brandt als eine der ersten mit dem schwarzen Mercedes über die ‚Berliner Brücke' Richtung Süden.

„Freie Fahrt für freie Bürger" lautete das Motto der 1960er Jahre, das zu einem enormen Autostraßenbau geführt hatte.

Auf der in die Jahre gekommenen A 59, wie die Nord-Süd-Straße heute heißt, ist „freie Fahrt" nur noch selten möglich.

Übrigens:
Vor 55 Jahren waren die Ingenieure sicher nicht schlechter als heute. Denn nach nur 3 Jahren Bauzeit und 50 Millionen DM Kosten für die ‚Berliner Brücke' konnte die Nord-Süd-Straße genutzt werden.

Anders der Flughafen Berlin Brandenburg: Der erste Spatenstich erfolgte im Jahre 2006. Eröffnung sollte zunächst im Jahre 2012, dann 2013, dann, dann … und soll jetzt voraussichtlich 2020 sein. Die Kosten stiegen von 2 auf 6.5 Milliarden Euro. Ein Flugzeug war dort noch nicht zu sehen.

Offiziell heißt der Flughafen jetzt Flughafen Berlin Brandenburg „Willy Brandt". Ob Willy Brandt das gewollt hätte? Der Meidericher ‚Gummibrücke' jedenfalls hat er damals gerne seinen Namen gegeben.

II Kindheitserinnerungen

Meiderich, vom Dach aus gesehen

Von Friedel Lubitz

Der Winter nahte. Der Küster der Evangelischen Kirche in Mittelmeiderich, Hans Ohletz, hatte viele Tonnen Koks bestellt und die waren jetzt vor der Kirche ausgeschüttet worden.

Da Helmut Ickler noch viel Zeit mitbrachte, konnte Herr Ohletz ihn bitten, den Koks in den Keller der Kirche zu schaufeln. Gemeinsam gingen sie ans Werk. Das war für den Jungen nicht immer ganz einfach, aber für den Küster war es schon eine Erleichterung.

Bild 18   Das winterliche Meiderich vom Dach

Als die gesamte Ladung untergebracht war, dachte Herr Ohletz sich aus, wie er Helmut belohnen könnte. Geld sollte es nicht sein, aber schon eine besondere Art der Belohnung. Da schoss es ihm durch den Kopf. Er nahm den Jungen bei der Hand, stieg mit ihm die Stufen hoch bis zum Glockenstuhl, erklärte ihm den Glockenklang, dann über Leitern bis in die Dachspitze des Turms. Hier öffnete Herr Ohletz die kleine Dachluke und sagte zu Helmut:„ Diesen Ausblick schenke ich dir als Belohnung für deine Hilfe."

Helmut streckte sich und schob seinen Kopf durch das Fensterchen. Er sah zum ersten Mal ganz Meiderich zu seinen Füßen liegen. Der Himmel war so klar, dass die Sicht bis zu den Duisburger Häfen möglich war. Ein fantastischer Eindruck für den Jungen! Eine gelungene Belohnung dazu! Für den Küster ein Glücksgefühl, dass er dem Jungen eine so große Freude bereitet hatte.

Das Heckstöternest

Von Friedel Lubitz

Wir standen an der Ecke Lösorter Straße/Stefanstraße und hatten so recht nichts vor. Wir, der Dieter Kaspers und ich, der Theo Schacky. Allerlei dummes Zeug hatten wir im Kopf.

Da kam Wilhelm Buschmann uns entgegen. Den würden wir gern mal veräppeln. Dieter sagte zu ihm: „Hallo Wilhelm, wir haben ein Heckstötersnest gefunden, aber das zeigen wir keinem." „Mir kannst du es zeigen", bat Wilhelm. „Ich klaue auch keine Eier daraus." „Gut. Geh mit uns an die Hecke, bei den Brombeersträuchern, da ist das Nest. Aber du darfst es niemandem verraten, dass wir dir ein Heckstötersnest gezeigt haben", deuteten wir ganz geheimnisvoll an.

Wir kletterten den Damm hinauf, wo die dichten Sträucher wuchsen. Wir ließen Wilhelm den Vortritt. An der dichtesten Stelle machten wir Halt. „Kannst du es schon sehen? Sonst geh mal dichter ran", flüsterte Dieter. „Ich sehe nichts", antwortete Wilhelm, „ich komme doch schon mit meiner Nase an die Hecke."

In diesem Moment kam Wilhelm dahinter, dass er veräppelt worden war. Aber es war zu spät. Er wurde von hinten gestoßen und flog in die Hecke.

Jetzt wusste er, was es mit dem Heckstötersnest auf sich hatte, und was die Heckstöters für Vögel waren. Das waren wir.

Aufgeschrieben in Meidericher Platt von Theodor Schacky
Übersetzt ins Hochdeutsche und vorgetragen von Friedel Lubitz

Der letzte Geldschein

Von Friedel Lubitz

Ich habe nicht allzu viele Erinnerungen an meine frühe Kindheit. Aber an eine Begebenheit kann ich mich noch ganz genau erinnern, als wäre sie gestern passiert oder auch sonst wo hätte sich ereignen können.

Ich war Anfang 1948 gerade fünf Jahre alt geworden. Meine Mutter drückte mir Tage später einen alten Schein in die Hand. Ich war überglücklich. Wenn meine Mutter mir unterwegs einen Schein zusteckte, dann war das für mich immer ein Zeichen, dass ich a l l e i n e an die Trinkhalle oder in die Bäckerei gehen durfte, um mir etwas Süßes zu kaufen.

An diesem Nachmittag wusste ich, dass ich für diesen Schein in der Bäckerei mein geliebtes Vanille-Eis im Hörnchen holen durfte.

Ich stellte mich in der Schlange der Kunden an. Ein Eis nach dem andern wurde über die Theke gereicht. Mir lief das Wasser im Mund zusammen.

„Na, junger Mann, wieder mal dein Lieblingseis?" fragte die Frau hinter der Ladentheke freundlich. Aber anders als sonst forderte sie mich auf, zuerst das Geld zu geben. Ich streckte ihr meinen Arm mit dem Geld zwischen drei Fingern entgegen.

Bild 20 Den Zehnpfennigschein gab es wirklich!

„Dafür bekommst du heute aber kein Eis mehr", sagte sie vorsichtig und schüttelte den Kopf. Eine Welt brach für mich zusammen. Ich begann zu schlucken. Tränen schossen mir in die Augen. „Aber warum nicht? Ich habe doch bisher immer mein Eis oder mein Teilchen bekommen", sagte ich mit wässriger Stimme. „Ja, weißt du, seit einigen Tagen zahlt man mit neuem Geld.

Sieh mal hier...", und dann griff sie in die Schublade der silbergrauen Registrierkasse und zeigte mir einen briefmarkengroßen, hellblauen Zehnpfennigschein, „nur mit diesem Scheinchen bekommst du dein Eis."

Enttäuscht wollte ich mich abwenden und gehen. „Nun gut, heute mache ich noch einmal eine Ausnahme. Sag das bitte deiner Mutti!" sagte die Verkäuferin. Dann reichte sie mir die Eiskugel im Hörnchen über die Theke. Ich bedankte mich „artig" und fröhlich hüpfend verließ ich das Geschäft.

An der Straßenecke, wo meine Mutter wartete, erzählte ich ihr mein Erlebnis. Mit besonderem Nachdruck forderte ich sie auf, mir demnächst den neuen Schein mitzugeben, wie die Frau es mir gesagt hatte. Mutter nickte. „Das werde ich ganz bestimmt tun, mein Junge. Es war sowieso mein letzter..."

„Gustav, bring die Dohle nach Hause!"

Von Rolf Striepen

Auf der linken Seite der Schlickstraße, etwa dort, wo heute die Bahnunterführung ist, lag die „Schankwirtschaft im Kaisergrün von Johann Tummes", wie sie laut Außenbeschriftung offiziell hieß. Die letzten Inhaber waren Heinrich und Adele Tummes, geborene Striepen. Sie war meine Tante.

Ihre Gastwirtschaft war in der Gegend sehr bekannt und einmalig. Frei zugänglich war ein Halbrund um die großzügig angelegten Außenanlagen mit Fontänenbrunnen und einem Obelisken mit aufsitzendem Reichsadler. Dort gab es Käfige mit Affen und sogar Braunbären sowie Volieren. Das ‚Kaisergrün' war das Ausflugslokal und bot auch ein Ausritt-Ziel für manchen Reiter.

Heinrich und Adele hatten drei Söhne, von denen Gustav, der älteste Sohn, eine besondere Beziehung zu den Tieren hatte. So konnte z.B. nur er die Affen anfassen und eine zahme Dohle suchte ständig seine Nähe.

Die nächstgelegene Schule war die an der Dislichstraße. Der Schulweg vom Kaisergrün führte durch die Salm- oder Lakumer Straße. Wenn Gustav die Dohle nicht in ihre Voliere schloss, begleitete sie ihn von Fensterbank zu Fensterbank bis zur Schule und wartete dort wiederum auf der Fensterbank des Klassenfensters. Doch wurde ihr dort nach kurzer Zeit das Warten auf das Unterrichtsende zu langweilig. Dann hackte sie mit ihrem Schnabel gegen die Scheibe, bis es dem Lehrer zu bunt wurde, und es hieß: „Gustav, bring die Dohle nach Hause!"

Bild 21 "Bring mich nach Hause, Gustav!"

Darauf hatte Gustav ja nur gewartet. Auf diese Art und Weise konnte er so manche Schulstunde schwänzen. Er setzte darüber hinaus die Dohle auch gezielt an unangenehmen Unterrichtstagen ein.

Meine Tante hat mir diese Geschichte oft erzählt und auch, dass sie wegen der Dohle mehrmals zum „Elternsprechtag" zur Schule kommen musste.

Die Gartenanlage mit ihren Tieren und der Betrieb der Schankwirtschaft und eines Schießständers fielen dem Bau der Hafenbahn zum Opfer. Das Wohnhaus stand noch bis zum Ende der 1950er Jahre. Ein neues ‚Kaisergrün' entstand unweit des alten Standortes an der Bürgermeister-Pütz-Straße 170. Geführt wurde es von Gerhard und Johanna Tummes geb. Striepen (Zwei Brüder hatten zwei Schwestern geheiratet!). Die Gastronomie gab es noch bis 1986. Das Haus steht noch als Wohnhaus.

Das Mauerkind

Von Helmut Ickler

Mein Lieblingsplatz war immer auf dem Mäuerchen vor dem Kindergarten der Evangelischen Kirche in Mittelmeiderich. Selbst in der Adventszeit ließ ich mich gerne darauf nieder, auch wenn es noch so kalt war.

Dann kam der 6. Dezember. Ich freute mich darauf, die Geschenke vom Nikolaus zu bekommen. Im zarten Alter von fünf Jahren glaubte ich noch an ihn. Irgendjemand hatte mir mal gesagt: „An diesem Tag lässt der Nikolaus die Geschenke vom Himmel ‚regnen'. Also wartete ich vor dem alten Gemeindehaus und schaute in den Himmel. Aber nichts passierte.

Bild 22   Auf diesem oder jenem Mäuerken

Ich setzte mich wieder auf das Mäuerchen vor der Kirche. „Du sitzt da wie ein armes Mauerkind", hörte ich die Leute sagen, die an der Kirche vorbei eilten. Ich aber schaute unentwegt in den Himmel. Und während ich so in die Luft guckte, sah ich, wie ein Körbchen an der Wand des Gemeindehauses an einem Tau ganz langsam herunter glitt. Das Körbchen war gefüllt mit Süßigkeiten und selbst-gebackenen Plätzchen. Mmh, wie lecker! Ein Glücksgefühl durchflutete mich.

Seitdem glaubte ich fest daran: Der Nikolaus lässt Geschenke vom Himmel hinunter.

Im Laufe des Jahres saß ich oft auf dem Mäuerchen, immer in der Erwartung, dass mir Geschenke zum Geburtstag oder zu Ostern in die Arme fielen. Aber dann kam ich in die Schule. Und auf der Mauer vor der Schule zerplatzten alle meine Träume.

(Vorgetragen von Friedel Lubitz)

Mein Geschenk zur 1. Heiligen Kommunion

Von Jürgen Dreide

8. Mai 1945. Kriegsende. Bis zu diesem Datum hatten wir noch kein Lebenszeichen von meinem Bruder Philipp Dreide, Jahrgang 1927, bekommen. Immerhin würde er im Juli ´45 das 18. Lebensjahr erreichen und sein ganzes Leben lag ja noch vor ihm. Wir wussten nur, dass er bei der Panzerdivision Großdeutschland eingesetzt war und jetzt warteten wir voller Spannung auf seine Rückkehr. Aber nichts passierte.

Erst Anfang 1946 erhielten meine Eltern einen Brief. Sie rissen den Umschlag auf und heraus fiel der durchschossene und blutverschmierte Wehrpass. Im Begleitbrief konnten wir lesen, dass Philipp im Kampf um Berlin gefallen sei. Diese endgültige Gewissheit war für unsere Familie sehr schmerzhaft. Nach Wochen der Gewöhnung gingen wir wieder unserem Alltagsleben nach. Aber

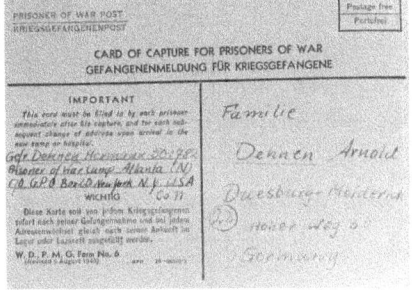

Bild 23 Ein ähnliches Schicksal musste Familie Dehnen aus Meiderich ertragen, die erst nach sechs Monaten erfuhr, dass ihr vermisster Sohn noch lebte.

vergessen konnten wir unseren Philipp nicht. Ein Jahr später wurden unsere Gefühle durcheinander gerüttelt. Meinen Eltern wurde eine Postkarte zugestellt, auf der zu lesen war, dass mein Bruder noch lebte und sich in russischer Gefangenschaft aufhielt. Erst Unverständnis, dann Zweifel, doch letztlich Hoffnung und Freude keimten auf.

Ein weiteres Jahr musste unsere Familie noch warten. Mitte April 1949 erreichte meinen Eltern die Mitteilung des DRK,

dass ihr Sohn Philipp aus der Gefangenschaft entlassen wird und am 25.April im Duisburger Hauptbahnhof eintrifft und abgeholt werden kann. Einen Tag vorher, am Sonntag, dem 24.April ging ich, Bruder Jürgen, zur 1. Heiligen Kommunion in St. Matthias in Meiderich. Ein schöneres Fest konnte ich mir nicht vorstellen. Ein Wunder – ein Geschenk!

Wie war es zu diesem Ereignis gekommen? Philipp erzählte uns: Ich hatte kurz vor der Gefangennahme sämtliche Papiere weggeworfen. Ein anderer Soldat muss wohl die Unterlagen gefunden und an sich genommen haben. Später ist er dann im Großraum Berlin erschossen worden. Man entdeckte bei ihm alle Ausweise, und er ist dann als toter Soldat unter dem Namen Philipp Dreide beerdigt worden.

P.S. Mein Bruder verstarb im Jahr 2013, und wir haben ihn auf dem Waldfriedhof zu Grabe getragen. (Vorgetragen von Friedel Lubitz)

… und mit dem Setra-Reisebus zurück

Von Dieter Lesemann

Es ist Freitag, der 29. August 1958. Die Sommerferien, die in diesem Jahr spät liegen, gehen zu Ende. Nach den Ferien bin ich in der dritten Klasse. Am Mittwoch, dem 03. September geht die Schule wieder los. Irgendwie freue ich mich.

Heute freu ich mich aber ganz besonders. Da der 31. August auf einen Sonntag fällt kann meine Oma heute schon ihre Rente abholen.

Meine Oma hat eine kleine Rente, denn mein Opa war selbstständig und – wie ich bei Erwachsenengesprächen immer mitbekomme – „die Selbstständigen haben ja nicht geklebt". Was wohl soviel bedeutet, dass sie nicht ordentlich für ihre Rente vorgesorgt haben. Ob mein Vater, der ja den Zimmereibetrieb von meinem Opa August übernommen hat, klebt, weiß ich nicht.

Meine Oma wohnt bei uns im Haus und zusammen geht's uns gut, auch der Oma mit der kleinen Rente.

Ich freue mich heute deshalb ganz besonders, weil ich mit zur Post auf der Gabelsberger Straße gehe, um Omas Rente abzuholen und da meistens etwas für mich ‚abfällt'.

Nach dem Frühstück gehen wir los. Von der Singstraße aus durch den Tunnel am Meidericher Bahnhof, beim Bahnhofshotel um die Ecke und dann die ganze Von-der-Mark-Straße hinunter.

Als wir die Biesenstraße schon überquert haben und bei Behnke und Metzger Tummes vorbei sind, kommt schon Spielwaren Müller, wo ich mir gern die Nase am Schaufenster platt drücke. Gleich vorne links sind meistens die neuen Wiking – Modellautos. Und da steht er auch schon: der Reisebus Typ Setra, wie er im Katalog heißt oder der Setra – Reisebus, wie ich ihn nenne.

Meine Oma halte ich an meiner rechten Hand, damit sie mir nicht wegläuft und vor allem, damit sie sieht, was ich sehe: den Setra-Reisebus. Meistens geht meine Oma nämlich auf dem Rückweg von der Post noch mit mir zu Müller rein, und ich darf mir einen Wiking-PKW kaufen. Im vorigen Monat war es eine weiße Borgward Isabella TS für 1 Mark 40.

Dann gehen wir weiter. Meine Oma bleibt noch kurz bei Sauter, einem gut sortierten Haushaltswarengeschäft, stehen und schaut sich ein Essgeschirr an.

Schließlich betreten wir die kleine Eingangshalle des Postgebäudes und gehen nach rechts durch eine Drehtüre in den Schalterraum. Rechts sind verschiedene Schalter, hinter denen Postbeamte in blauen Uniformen sitzen und Menschen wegen unterschiedlicher Angelegenheiten bedienen. An manchen Schaltern gibt es eine Schlange.

Geradeaus sind zwei Schalter, die eher einem Fenster für den dahinter liegenden Raum gleichen. Hier kann man Pakete und Päckchen abgeben oder abholen. Dann auf der linken Seite sind noch einmal Schalter, an denen die Rente ausgezahlt wird. Meine Oma muss ihren Personalausweis und ihren Rentenausweis vorlegen. Die Beamtin sieht dann in einer Liste nach, und meine Oma bekommt ihr Geld auf die Theke vorgezählt. Meine Oma bedankt sich und steckt das Geld in ihr Portmonee und dieses in ihre schwarze Handtasche.

Dann verlassen wir das Postgebäude wieder, queren die Gabelsberger Straße und die Straße Auf dem Damm und biegen wieder nach rechts in die Von-der-Mark-Straße ein. Ohne noch einmal darüber gesprochen zu haben, gehen wir ins Spielwarengeschäft Müller hinein und dann nach halb links.

„Was darf es denn sein?" fragt die Verkäuferin hinter der gläsernen Verkaufstheke. Da ich wieder kein Wort herausbringe, sagt meine Oma: „Der Jung'

Bild 24 Setra Reisebus

möchte sich ein Wiking-Auto aussuchen."

„Da hast du Glück", sagt die Verkäuferin, „wir haben einige neue Modelle hereinbekommen" und stellt nacheinander einen roten DKW 3=6, einen grün-weißen Opel Rekord 1500 und einen schwarzen Mercedes Kombi auf die Theke. Ich schiebe die Autos nacheinander verlegen auf der Glastheke hin und her, wobei mein Blick durch das Glas der Verkaufstheke starr auf dem Setra-Reisebus verharrt. Er ist blau und grau und hat ein gläsernes Dach.

Plötzlich sagt meine Oma, die eigentlich gar keine Ahnung von Autos, geschweige denn von Wiking-Autos, hat: „Zeigen Sie uns doch mal den Setra-Reisebus da unten."

Ich gucke meine Oma an und werde knallrot, während die Verkäuferin nach unten greift und den Bus neben die drei PKW auf die Glastheke stellt. Ich traue mich erst gar nicht, ihn anzufassen und fahre ihn dann mit schwitzigen Fingern vorsichtig hin und her. „Ist der gut?" fragt meine Oma. ,Was für eine Frage', denke ich, ,der ist klasse!' Dann fällt mein Blick auf das kleine Preisschildchen, neben dem der Bus noch vor einer Minute gestanden hat: 2 Mark 50. Ich komme ins Schwitzen, nicke aber trotzdem noch auf die Frage, ob der gut ist, meiner Oma zu.

„Dann nehmen wir den", sagt sie ohne zu zögern. Ich weiß nicht, wie mir geschieht und tapse wie auf Watte mit meiner Oma Richtung Kasse. „Das macht dann zwei Mark fünfzig, bitte", sagt die Verkäuferin und meine Oma legt zwei Markstücke und ein Fünfzigpfennigstück auf die Theke. Sie bekommt noch einen Kassenzettel, und wir gehen raus. Die Luft tut gut.

„Der war aber teuer, Oma", sage ich in dem sicheren Gefühle, dass ihr das nicht jetzt plötzlich klar wird und sie ihn wieder umtauscht. „Na ja, jedes Mal geht das natürlich nicht, aber heute ausnahmsweise mal", sagt meine Oma und streicht mir über den Hinterkopf. „Ich freu mich immer, wenn wir etwas zusammen unternehmen", ergänzt sie noch. „Ich geh auch mit dir gerne einkaufen", sage ich ehrlich, „nicht nur wegen der Wiking-Autos", beeile ich mich zu ergänzen. Ich nehme sie fester an die Hand.

In der anderen habe ich den Setra-Reisebus zwischen Daumen und Zeigefinger und beschreibe mit der Hand imaginäre Urlaubsfahrten in der Luft. Natürlich auch in der Hoffnung, dass möglichst viele meinen neuen Setra-Reisebus sehen.

Reibekuchen mit Rübenkraut

Von Helmut Willmeroth

Ich hatte es Gott sei Dank nicht weit von der Volksschule Karolinenstraße zu unserem Laden auf der Emilstraße. Eigentlich war es nur ein Katzensprung. Aber der Hunger stellte sich schon vor dem Klingelzeichen, das die letzte Schulstunde beendete, ein. Vor allem, wenn ich wusste, dass meine Oma eines meiner Leibgerichte kochen würde: ‚Himmel und Erde' mit gebratener Blutwurst, Endiviensalat untereinander mit Speck oder Reibekuchen mit Rübenkraut. Für heute hatte sie mir Reibekuchen mit Rübenkraut versprochen.

Die Klingel an der Ladentüre Emilstraße 7, wo sich unsere Leder – und Schuhgroßhandlung befand, klingelte unüberhörbar, als ich eintrat. Ich schenkte dem Nussbaum-Sekretär mit seinen zahllosen Fächern und Schubladen und dem Geheimfach, das mich hin und wieder neugierig machte, keine Aufmerksamkeit, auch nicht dem großen Sessel aus gleichem Holz mit dem Ledersitz. Vielmehr versuchte ich dem Blick von Oma Käthchen, die aus dem Nebenraum hinter der Theke um die Ecke lugte, die Botschaft zu entnehmen: „Die Reibekuchen sind gerade fertig, Helmut!"

Ich ließ die Ladentheke mit der schönen schmiedeeisernen Kurbelkasse, den aufklappbaren Holzkästchen mit dem Schuhriemen-Angebot und die Regalwand mit ihren scheinbar tausend Kästchen, die mit unterschiedlichstem Schuhmacherwerkzeug gefüllt waren, rechts liegen, setzte mich in der Küche an den gedeckten Tisch und wartete sehnsüchtig auf den ersten Reibekuchen.

Im Nebenraum, in dem sich der Tresor und zahlreiche Schuhregale befanden, stand auch der Schreibtisch, an dem ich meine Hausaufgaben machte. Nach getaner Arbeit widmete ich mich meiner elektrischen Eisenbahn, meinen Zinnsoldaten oder meinen Schukoautos – je nachdem, wonach mir gerade der Sinn stand.

Inzwischen war schon wieder Geschäftszeit. Die Klingel an der Ladentür meldete einen Kunden. Es war Herbert Bella, der Bruder von Michael Bella, der später Fußball-Nationalspieler werden sollte. Wenn Herbert Bella den Laden betrat, machte ich Spielpause und lugte um die Ecke. Immerhin spielte er beim Meidericher Spielverein und war ein berühmter Fußballer in Meiderich.

Unser Laden hatte einen guten Ruf als Hersteller von Fußballschuhen und fertigte schon früh Fußballschuhe mit Zwillingsstollen an. Vorher benutzte man runde Lederplättchen von 1 cm Durchmesser, die aufeinander gelegt und mit Nägelchen auf der Schuhsohle befestigt wurden. Die Lederplättchen drückten sich bald durch und die Nägelchen kamen zum Vorschein. Dadurch stieg natürlich die Verletzungsgefahr. Deutlich besser waren da Zwillingsstollen.

Herbert Bella hatte sich nun bei uns Fußballschuhe aus sehr weichem Leder bestellt und war begeistert. Nur: Das Leder war weiß gefärbt! Und mit weißen Fußballschuhen wollte Herbert Bella nun überhaupt nicht spielen. Also kaufte er sich bei uns Lederschwärze und im Nu waren seine Fußballschuhe so, wie er sie haben wollte.

Während seines Besuches bei uns waren aus dem Leder- und Gummikeller, zu dem die Türe einen Spalt offen stand, keinerlei Arbeitsgeräusche mehr zu hören, besonders nicht die des Schwungrades der großen Lederwalze. Schließlich

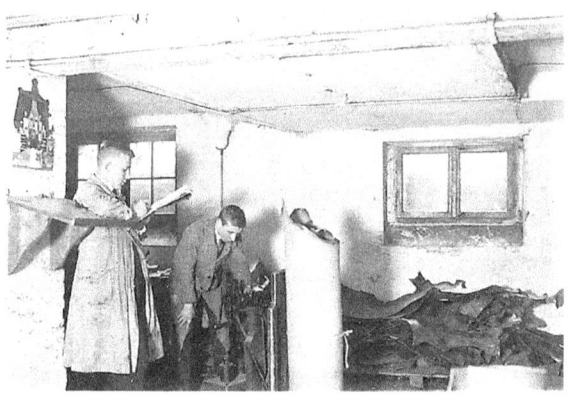

wollten die Mitarbeiter auch mitbekommen, ob Herbert Bella mit seinen Schuhen zufrieden war.

Im Ladenbereich stand auf der linken Seite eine hölzerne Sitzbank, auf die sich die Kunden zur Anprobe der Schuhe setzten. Oft war sie aber auch der Ort zum Austausch von Neuigkeiten oder um sich gegenseitig seine Nöte und Sorgen zu

Bild 25 Neugierige Leder-Handwerker in Hoffmanns Keller

erzählen. „Ach, Käthe", hörte ich einmal Tante Dehnen klagen, „ich mach mir doch Sorgen um meinen Wilhelm. Der Arzt sagt, sein Herz sei schwach und er müsse sich schonen." „Es wird schon werden, Hanne, du pflegst ihn sicher wieder gesund", hörte ich meine Oma sagen.

Die Beratung der Kunden in allen Dingen rund um Schuhe und Leder stand in unserem Geschäft zwar im Vordergrund, doch gab es auch immer Zeit für die privaten Sorgen und Nöte der Kundschaft und natürlich ebenso für deren freudige Neuigkeiten. Was für eine schöne Arbeitswelt!

Nach dem 100jährigen Bestehen unseres Geschäftes, der Leder- und Schuhgroßhandlung Hoffmann, an der Emilstraße 7 wurde der Betrieb aufgegeben und alle Räume zu Wohnflächen umgebaut.

Von den ehemals vier Geschäften auf der Emilstraße, dem Lebensmittelgeschäft Giesen, der Heißmangel Langer, unserem Leder- und Schuhgroßhandel und der Anker-Apotheke ist nur letztere bis heute übrig geblieben.

So ändern sich nun mal die Zeiten. Aber ein bisschen traurig bin ich doch.

III Menschen in Meiderich

Versuchung

Von Hermann Fengels

An diesem Sonntagmorgen hält der Pastor in der Kirche eine Predigt mit dem Thema: „Führe uns nicht in Versuchung!" Er möchte der Gemeinde erklären, dass man niemanden in Versuchung führen solle, damit niemand auf die Idee komme, etwas zu tun, was er gar nicht tun wollte und sich somit versündige. Es sei ein gutes Werk, wenn man jemanden davon abhalten könne.

Als er nun seine Predigt beendet hat, das letzte Lied gesungen und der letzte Orgelton verklungen ist und alle Leute die Kirche verlassen haben, beginnt der Pastor damit, seine Utensilien zusammenzusammeln. Er ist gerade dabei, in die Sakristei zu gehen, als er auf einer Kirchenbank ein künstliches Gebiss liegen sieht.

‚Nanu', denkt er, ‚da hat doch jemand seine Last mit seinen dritten Zähnen gehabt, sie herausgenommen und dann vergessen. Da muss ich doch wohl nächste Woche mal nachfragen, wem die wohl gehören könnten'.

Als er die Kirche gerade verlässt, kommt eine ältere Frau auf ihn zu und ruft: „Herr Pastor, haben Sie vielleicht das Gebiss von meinem Mann gesehen? Das hat auf einer der Bänke ziemlich vorne gelegen, und ich habe dann gar nicht mehr daran gedacht".

„Ja", sagt der Pastor, „das Gebiss habe ich gefunden. Aber wie kommt das denn hier in die Kirche? Ihren Mann habe ich doch schon jahrelang hier nicht mehr gesehen!" „Ach, Herr Pastor, Sie wissen doch, dass mein Mann so eine Last mit seinen Beinen hat und nicht mehr gut laufen kann", antwortet die Frau. „Darum muss ich immer alleine in die Kirche gehen. Aber, wenn mein Mann auch nicht mehr gut zu Fuß ist, essen kann er immer noch sehr gut.

Und wenn ich dann sonntags in der Kirche bin und den Sonntagsbraten auf dem Herd stehen habe, dann schneidet er sich immer eine ordentliche Scheibe davon ab und isst sie genüsslich auf. Ich wundere mich dann nach der Kirche immer, warum der Braten so klein geworden ist.

Und damit das nicht mehr passieren kann, nehme ich jetzt sein Gebiss immer mit in die Kirche, damit mein Mann nicht mehr in Versuchung kommt und der Braten unversehrt bleibt".

„Liebe Frau", sagt da der Pastor, „das hat aber mit Nächstenliebe nicht viel zu tun." „Aber sicher, Herr Pastor", sagt da die Frau, „in Ihrer Predigt haben Sie doch selbst gesagt, dass es ein gutes Werk sei, wenn man jemanden vor einer

Versuchung und einer Sünde bewahren könne. Und das müssen Sie doch einsehen, dass ich damit ein gutes Werk getan habe."

Dann hat sie schnell das Gebiss eingesteckt, den Pastor einfach stehen lassen und ist nach Hause zu ihrem Mann und dem Sonntagsbraten gelaufen.

Da steht der Pastor nun da und weiß nicht mehr, was er noch sagen soll. Aber dann hat er sich doch gefreut, dass seine Predigt so gut angekommen ist.

(Original im Meidericher Platt; „Übersetzt" und vorgetragen von Helmut Willmeroth)

Bild 26 War es in dieser Kirche?
Die katholische Kirche Herz Jesu an der Brückelstraße, die 1914 geweiht wurde.

Leichenblass

Von Hermann Fengels

Der Onkel von Bauer Rating starb im Herbst 1946. Der offene Sarg stand im Wohnzimmer der Familie Rating. So konnten alle Familienmitglieder, Freunde, Nachbarn und Verwandte vom Onkel Abschied nehmen.

Die Sargkutsche mit den verdunkelten Scheiben in den Türen war vorgefahren. Die beiden Pferde warteten geduldig davor. Vier Sargträger trugen dann den verschlossenen Sarg vor die hintere Kutschentüre und schoben den Sarg über eine Schiene in den Kutschenraum.

Draußen vor der Haustüre standen viele hundert Menschen. Männer in schwarzen Gehröcken und mit hohen oder niedrigen Chapeaux Claques (Zylinder) auf ihren Köpfen. Unter ihren Anzügen konnte man die schwarzen Hem-

Bild 27 Der Ratingshof mit seinem schönen alten Barockgiebel um 1925

den mit gestärktem Kragen sehen. Manche trugen auch noch ärmellose Westen, hoch geknöpft bis zum Hals. Dadurch erschien die Gestalt der Männer noch steifer.

Die Frauen trugen lange schwarze Kleider oder Röcke mit Rüschenblusen. Auf ihren Köpfen schwankten wagenradgroße Hüte, mit Federn geschmückt. Wohl geordnet standen die weiblichen Gäste in der hinteren Reihe.

Der Kutscher sprang auf den Sitzbock, schlug mit den Zügeln auf den Rücken der beiden Pferde. Langsam setzte sich der Trauerzug in Bewegung. Die letzten Herrschaften standen bis zur Unterführung auf der Emmericher Straße, als das Gefährt schon in die Westender Straße eingebogen war. Um hier den Verkehr nicht allzu sehr zu behindern, nahmen die Pferde den Weg zwischen den Straßenbahnschienen ein. Damals fuhr die Straßenbahn noch über die Westender Straße.

Leise murmelnd oder auch schweigend folgten Männer und Frauen dem Sarg in der Kutsche. Nach ungefähr zehn Minuten hörte man das Klingeln der Straßenbahn. Durch dieses Alarmsignal wurden die beiden Pferde aufgeschreckt. Das rechte Pferd stellte sich auf die Hinterhufen, die beiden vorderen streckte es in die Luft. Das zweite Pferd bäumte sich auf, und der Kutscher versuchte beide Pferde zu zügeln. Aber dieses Vorhaben gelang ihm nicht. Die beiden Tiere zogen an und rannten mit der Kutsche in einem Eiltempo bis zur Bahnhofstraße. Mit Mühe gelang es dem Kutscher die Pferde links in die Bahnhofstraße einbiegen zu lassen. Bei diesem Manöver streifte ein Hinterrad die Bordsteinkante. Die Kutsche geriet ins Wanken. Die Kutschentüre sprang auf, und der Sarg fiel auf die Kreuzung. Die an der Seite der Kutsche hängenden Kränze flogen auf die Fahrbahn, die Blumen durch die Luft.

Zum Glück gab es an der Ecke eine Firma, die einen eisernen Handkarren zur Verfügung stellen konnte. Einige Männer hoben mit vereinten Kräften den Sarg auf den Karren. Weitere Männer versuchten noch der Kutsche nachzulaufen, aber der Kutscher konnte das Gefährt nicht bremsen.

So konnte sich der Trauerzug langsam wieder in Bewegung setzen. Die Pferde jedoch galoppierten mit der Kutsche über die Bahnhofstraße und die Bürgermeister-Pütz-Straße an der Südschule und am Stadtpark vorbei. Sie kamen erst am Nordhafen zum Stillstand, weil die Schranken heruntergelassen waren, um einen Güterzug durchziehen zu lassen.

Der Kutscher lenkte den Trauerwagen um und kehrte dann erschöpft zum Pfarrfriedhof zurück. Schweißgebadet erreichte er die Trauerhalle.

Als der Sarg endlich ins Grab gesenkt worden war, hatten die Frauen feuchte Augen und die Männer waren immer noch leichenblass.

(Vorgetragen von Friedel Lubitz)

Die Meidericher

Von Friedel Lubitz

Seit über 40 Jahren wohne ich in Meiderich. Ich habe durch meinen Beruf als Lehrer viele Menschen kennen gelernt. An Elternsprechtagen konnte ich viele Gespräche führen. Ich konnte viele Eltern unterschiedlichster Einstellungen zu ihrer Erziehung beraten oder ihnen helfen.

Nach Gottesdiensten in Unter-, Mittel- und Obermeiderich diskutierte ich oft über Predigten, Alltagsprobleme, aber auch über lustige Ereignisse. Ich habe im Laufe der Jahre in fünf Chören gesungen. Begonnen hat alles im Mittel-meidericher Chor unter der Leitung meiner Frau von 1970 bis 1983. Ab 1991 traten wir beide in den Obermeidericher Chor unter der Leitung von Helmut Ickler ein. Hier sangen wir einmal im Monat im Gottesdienst, gaben zwei bis drei Konzerte im Jahr.

Dieser Chor bildete für uns ein Teamgefühl. Hier schlossen wir Freundschaften, die bis zum Jahr 2014 hielten. In diesen 24 Jahren unterstützten wir auch mit unserem Singen die Chöre in Ruhrort und Untermeiderich. Besonders gefestigt wurden unsere Freundschaften, die bis heute immer noch bestehen, in einem Kegelclub seit 1980.

Erst im Juli 2016 erfuhr ich eine für mich neue Einteilung von Meiderichern. Die Frauenhilfe in Untermeiderich nannte sie mir:

Die Untermeidericher werden die ´Wiesen` (die Weisen, Klugen, die alles besser Wissenden) genannt. Die Mittelmeidericher heißen ´die Finnen` (die Feinen), sind aber nicht so wie sie ‚schinnen' (scheinen)

Bild 28 Typ eines alten Meiderichers

und die Obermeidericher werden zu den ´Frommen` gezählt.

Diese Zuordnung war mir neu. Ich kann nur sagen: Ich habe in Meiderich Menschen kennen und lieben gelernt. Deshalb nehme ich diese Namen nur zur Kenntnis, trage aber die guten Eigenschaften der Meidericher in meinem Gedächtnis und Herzen.

Straße der Erinnerungen

Von Friedel Lubitz

Wie oft bin ich schon die Von-der-Mark-Straße rauf- und runtergegangen? Um einzukaufen, um Bücher zu bestellen oder um Freunde und Bekannte zu treffen.

An einem warmen Samstagmorgen fuhr ich mit dem Bus vom Stadtpark bis zum Meidericher Bahnhof. Bei stahlblauem Himmel stieg ich aus, um auf der Basarstraße Medikamente zu kaufen. Nach dem Kauf setzte ich mich auf eine Bank an der Turnhalle des MPG. Das war immer mein Lieblingsplatz, wenn ich eine Pause einlegte. Ich blickte um mich und las die Leuchtreklame der Eisdiele Renon.

Mit dem Besitzer, ein ehemaliger Schüler der Bronkhorstschule, war ich in den 80er Jahren mit zwei Klassen in ein Landschulheim gefahren. Die beiden Klassenlehrerinnen hatten mich als Begleiter ausgewählt. Das war Pflicht, denn weibliches Lehrpersonal musste immer mit einem männlichen Lehrkörper einen mehrtägigen Aufenthalt planen. Ich war auch gerne dazu bereit. So entwickelte ich mich, neben meiner eigenen Klasse, zu einem „Reiseonkel". Ich tat es auch aus Freude. Ich stellte Wanderungen, Spiel- und Sportnachmittage, ´Bunte` und Abschiedsabende zusammen und plante all diese Veranstaltungen für Regen- und Sonnentage.

„Fühlst du dich eigentlich von den Kolleginnen nicht ausgenutzt?", fragte mich einmal mein Onkel. „Nein", antwortete ich, „es macht mir Spaß zu sehen, dass Schüler sich freuen, dann habe ich auch meine Freude daran." Mit diesen freudigen Gedanken stand ich auf. Ich schlenderte die Straße hinunter bis zu einer Bank vor der katholischen Kirche. Bis dahin hatte ich noch keinen mir bekannten Menschen getroffen. Aber ich hatte die verschieden klingenden Tonlagen von Kinderstimmen, Hausfrauen und älteren Männern wahrgenommen. Ich hatte die verschiedenen Sprachen der Menschen, die an mir vorübergeeilt waren, gehört. Manche Wörter verstand ich überhaupt nicht, andere waren mir vertraut. Leute mit Rollatoren, mit Einkaufstüten schoben sich an mir vorbei. So hatte ich bis hierhin die Vielfalt von Meidericher Bürgern gesehen.

Kaum hatte ich auf der Bank Platz genommen, kam Frank, ein ehemaliger Schüler, auf mich zu, begrüßte mich, und es entstand ein kurzer ‚small talk'. So erfuhr ich von seinen privaten Problemen, und er lud mich zu sich nach Hause ein. „Dann können wir mehr miteinander klönen." Mit diesen Worten verabschiedete er sich.

In mir tauchten ähnliche Gespräche auf. Ich hatte vor Jahren Kai, Jörg, Ali, Anja und Claudia getroffen. Sie alle berichteten mir von ihrem beruflich erfolgreichen Werdegang oder auch von ihren privaten Problemen. Ich hatte mich wie in eine große Familie aufgenommen gefühlt, in der Vertrauen selbstverständlich war. Mit all diesen Schülern halte ich bis heute noch den Kontakt aufrecht, sei es per Telefon oder durch E-Mails.

Mein Spaziergang endete vor der Sparkasse Auf dem Damm. Hier verwaltete eine ehemalige Schülerin von mir mein Konto, bis heute. Ich hatte sie im Englisch E-Kurs unterrichtet. Aber wir fanden immer noch Zeit zu einem kurzen Gespräch, nachdem sich unsere geschäftlichen Belange erledigt hatten.

Danach stieg ich in den Bus und fuhr nach Hause zurück. Damit war mein Traum von der „Straße der Erinnerungen" zu Ende.

Bild 29 Die Von-der-Mark-Straße in den 50er Jahren

Die Suche nach wahren „Meiderichern"

Von Friedel Lubitz

Ich suche die Meidericher, die ihre Wurzeln in Meiderich haben. Ich habe sie an verschiedenen Stellen gefunden. Ich habe mit ehemaligen Schülern gesprochen, die ich auf Klassentreffen befragt habe. Mit Lehrerkollegen, die in Meiderich gewohnt haben und jetzt pensioniert sind, kam ich einmal im Jahr zu einem Klönschnack zusammen.

Die lustigsten Begegnungen konnte ich auf der Von-der-Mark-Straße machen. Ich hatte mich auf ‚meine' Bank vor der Turnhalle des MPG gesetzt und schleckte genüsslich ein Eis. Die Leute, die an mir vorüber zogen, studierte ich genau. Dabei fiel mir auf, dass immer mehr Ältere einen Rollator vor sich her schoben. Sie können zwischendurch anhalten, setzen sich dann auf eine Sitzfläche zwischen den Stangen und können mit Bekannten ein Quätschchen halten. Ein Gespräch zwischen zwei gehbehinderten Frauen, konnte ich in meiner unmittelbaren Nähe mithören. „Ach, du hast jetzt auch so'n Ding?" „Ja, das ist eine gute Erfindung und ist mir eine große Hilfe. Übrigens, wir können uns mal hier in einem Café oder in einer Eisdiele treffen." „Gerne. Das ist besser, als zu Hause nur rumzusitzen." Mit diesem Dialog wurde wieder eine alte Freundschaft aufgefrischt.

Bild 30 Ohne Worte

Wenig später kam ein ehemaliger Nachbar an meiner Bank vorbei. Er stützte sich auf zwei Krücken. Nach einem kurzen Hallo sprach ich ihn an: „Das geht aber schon ganz gut mit den beiden GeHILFEN. Ach, ich wollte sagen, mit den beiden GEHhilfen." Mein Nachbar konterte: „Noch lieber gehe ich mit meiner Gehilfin. Aber ich kann seit einigen Tagen mit den beiden Stöcken gehen. Mein Rollator steht bereits unten im Keller." Lachend zog er weiter, und ich winkte ihm zum Abschied nach.

Danach hörte ich ein Geschrei und Gezeter. Was war passiert? Zwei Jugendliche waren mit ihren Skateboards an einer Gruppe junger Mütter vorbeigefahren. Nur mit Mühe hatten die beiden Jungen ein Anrempeln der Kinderwagen vermeiden können. Zwei Frauen schimpften hinter ihnen her, andere Passanten schüttelten nur den Kopf. Verhalten sich so junge wahre Meidericher?

Ich stand auf und trat den Rückweg an. Plötzlich kam eine junge, modern angezogene Frau auf mich zu. Ich erkannte sofort die ehemalige Bronkhorstschülerin. Ayfer, so hieß sie, wurde von ihren Eltern begleitet. Ich fragte alle nach ihrem Befinden, und sie erzählten mir, dass sie seit vielen Jahren immer noch gerne in Meiderich wohnen. Eine gelungene Integration.

An der Bushaltestelle warteten mehrere Leute. Der Bus hielt an. Als ich in den Bus einsteigen wollte, drängelten sich sowohl ältere als auch jüngere Fahrgäste vor. Zuletzt ließ ich einer älteren Dame den Vortritt. Im Bus kamen wir ins Gespräch. „Wohnen Sie gern in Meiderich?", fragte ich vorsichtig neugierig. „Ja klar. Schon meine Großeltern wohnten hier", begann sie, „meine Eltern, meine Familie und meine Kinder wohnen alle hier, auch die Enkelkinder bleiben weiterhin hier wohnen. Wir leben alle in ein und demselben Haus. Wir können uns einen Umzug in eine andere Stadt gar nicht vorstellen", schloss sie ihre Ausführungen ab. Ich fragte leise nach dem Grund. Ihre Antwort kam prompt: „Weil wir Meiderich lieben!"

Das sind wahre Meidericher.

Die Theaterprobe

Von Friedel Lubitz

Das alte Gießerei- und Walzwerk in Obermeiderich ist zu einem Landschaftspark umgestaltet worden. Diesen Industriepark erreicht man über einen Fußweg von circa zehn Minuten von der Bronkhorstschule. Danach steht

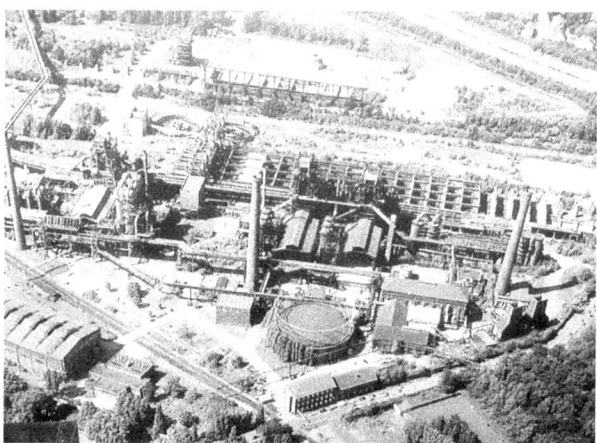

man vor den alten Gebäuden und Industrieanlagen, aus denen die ungewöhnlichsten Bäume und Pflanzen sprießen.
Der Park bietet im hinteren Teil noch eine andere Attraktion. Vor einem aufgeschütteten Schlackenberg, den man mit niederem Buschwerk bepflanzt hat, wurde ein kleines Amphitheater gebaut.

Bild 31 Die Thyssen Gießerei in Betrieb (noch ohne Gasometer)

Stufenförmig schmiegen sich im Halbrund die Zuschauerränge an den Hang an. Unten im Rund war eine Bühne aus groben roten Backsteinen gebaut worden. Die Wanderung war als Ausflug meiner Klasse angemeldet. So hatten wir die Möglichkeit, an diesem schönen sonnigen Vormittag den Park zu erkunden, aber auch später auf dieser kleinen Bühne kurze Auszüge aus unserem Theaterstück zu proben. Als Einstieg war etwas Besonderes geplant. 24 Schüler saßen auf den Steinstufen und lauschten meinen Anordnungen. Jeder Satz sollte mit Gefühl laut und deutlich ausgesprochen werden, damit man ihn auch in der letzten Reihe verstehen konnte.
Meinem ersten Satz „Ich bin glücklich, dass ich hier sein darf" folgte mein zweiter: „Schade, dass ich gestern Abend den Krimi nicht sehen konnte." Nun sollte jeder einen gefühlvollen Satz ins Theaterrund rufen. Die Schüler sträubten sich anfänglich. Christine war die erste, die laut ausrief: „ Mir geht es gut, nein, mir geht es saugut." Sie schaute sich um, aber keine weitere Menschenseele war im Park zu sehen. Daniela erhob sich danach, kam auf die Bühne, holte tief Luft und stieß heraus: „Auch ich fühle mich hier in der Klasse wohl." Marina wiederholte den Satz und ergänzte: „Alle sind so toll."
Erstaunlicherweise waren die Mädchen mutiger als die Jungen. Der Reihe nach traten jetzt die Schüler und Schülerinnen auf die Bühne und riefen ihren Satz,

teils fließend, teils aufgeregt oder belustigt. Die Jungen blieben im Bereich Sport, mit dem Wunsch, besser Fußball spielen zu können, schneller schwimmen oder joggen zu können. Klaus wollte mehr Kilos abnehmen.

Als letzte stieg Nicole auf die Bühne. Sie postierte sich, stützte beide Hände in ihre Hüfte und presste einen Schrei hinaus, der den Zuhörern durch Mark und Bein ging. „Ich lass mich nicht verbiegen, ich finde meinen Weg, auch ohne euch." Ihre Worte flogen wie eine Anklage vor Gericht in den Himmel. Atemlose Stille. Die Mädchen waren geschockt, die Jungen überrascht. Keiner lachte.

In der anschießenden Gesprächsrunde umriss Nicole ihre persönliche Situation: Streit mit den Eltern. „Aber jetzt geht es mir viel, viel besser. Den Schrei, den Frust, die Enttäuschung und die Trauer habe ich aus mir heraus getrieben", gestand sie später. Alle waren betroffen. An eine Fortsetzung der Probe war nicht mehr zu denken.

Mal schweigend, mal gut zuredend traten wir alle den Rückweg zur Schule an. Dabei hatten wir doch nur für die deutliche Aussprache in einem Schauspiel kurz vor den Sommerferien üben wollen. Nun, aufgeschoben war ja nicht gleich aufgehoben. In der nächsten Zeit wollten wir eine ernsthafte Probe wiederholen. Eins hatte die Theaterprobe doch erreicht: Seitdem war der Zusammenhalt in der Klassengemeinschaft stärker geworden.

Im Stadtpark

Von Richard Weber

Dirk hatte mit ihr auf einer Karte ein Treffen vereinbart. Ein Ort in Meiderich. Meidericher Stadtpark. Und nun saß er auf einer Bank. Die Minuten flogen dahin. Das Warten wurde ihm sehr lang. Gedanken schossen ihm durch den Kopf. Wartete er vergebens? Hatte es einen Sinn, sich in Margarete zu verlieben? Im Stadtpark, so ungefähr um sieben.
Endlich kam sie angelaufen. Der Himmel schien sich für ihn zu öffnen.
Jetzt begann er Grit zu lieben. Im Stadtpark, so ungefähr um sieben.

Bild 32 War es auf einer dieser Bänke? Ansichtskarte vom Meidericher Stadtpark aus den 1920ern

Er bat sie, neben ihm auf der Bank Platz zu nehmen. Er setzte ich, er rückte immer näher an sie ran. Und das wäre auch länger so geblieben. Im Stadtpark, so ungefähr um sieben.
Aber ein Kumpel hatte Dirk gewarnt: „Dirk, nimm dich vor Jan in Acht. Der darf davon nichts wissen, was du mit Grit so hast getrieben. Im Stadtpark, so ungefähr um sieben.

Aber Jan hatte davon erfahren, dass Grit einen Neuen hatte. Deshalb hatte er sich an diesem Abend in den Sträuchern versteckt und rannte auf die Beiden von hinten zu, stieß Dirk von der Bank, der blieb auch benommen liegen. Im Stadtpark, so um sieben.
Jan brüllte Dirk an: „Grit gehört mir. Sie ist mein Mädchen, ich will sie lieben, Im Stadtpark, so ungefähr um sieben.
Dirk lag noch am Boden. Und Jan trat mit seinen bleiernen Schuhen gegen Dirks Schulter und dessen Arme. Mühsam rappelte er sich auf, bis er ungefähr das Gleichgewicht gefunden hatte. Dann rannte er weg. Aber er wäre so gern noch bei Grit geblieben. Im Stadtpark, so ungefähr um sieben.
Welche Lehren mag Dirk aus diesem Treffen gezogen haben? Sollte er sich noch einmal mit Grit treffen, sich mit ihr aussprechen? War sie ihm das wert? Oder war ihm die Warnung des Kumpels noch einmal durch den Kopf gegangen? Wie lautete sie doch? „Dirk, hüte dich vor Jan." Dirk entschied sich – für Grit mit Bedacht.
Im Clubhaus, so ungefähr um acht.
(Übersetzt und in Prosaform übertragen von Friedel Lubitz)

Nach Kappadokien

Von Friedel Lubitz

Den Inhalt des folgenden Histörkens habe ich dem Buch „Platt-düttsche Lach-pillen" entnommen. Die Geschichte hatte Willem Täpper in Versform aufgeschrieben. Ich habe sie frei ins Hochdeutsche übersetzt. Sie trug den oben genannten Titel.

Zur Information des Zuhörers und späteren Lesers: Kappadokien liegt in der Türkei zwischen den Städten Ankara, Kayseri und Adana. Die Landschaft in der Mitte der Türkei nennt sich Kappadokien.

Bild 33 Die Felsen von Göreme in Kappadokien

In einen Gasthof voller fröhlich gestimmter Menschen kam eines Tages ein junger Mann herein. Kaum hatte er Platz genommen, stand er wieder auf und rief freundlich in die Runde: „Gestatten Sie mir, dass ich meine neueste Geschichte vorlese? Das erste Kapitel spielt in Kappadokien. Aber um mich zu verstehen, sollten Sie sich zunächst gedanklich in dieses Land versetzen."

Gesagt, getan. Der Dichter erzählte von dieser Gegend, beschrieb die Landschaft, redete sich in Ekstase und vergaß alles um sich herum. Dabei schloss er ab und zu die Augen und schwärmte von Land und Leuten. Diese Prozedur dauerte ungefähr zwei Stunden. Dann öffnete er wieder die Augen, blickte um sich und stellte fest, dass er ganz allein im Lokal war. Erstaunt fragte er den Kellner: „Wo sind denn alle Gäste?" Der Ober antwortete augenzwinkernd: „Die sind schon lange weg." „Warum? Wohin?" „Alle sind nach Kappadokien gezogen."

Ich stelle mir vor, ich wäre auch so ein Autor gewesen. Ich würde nicht von Kappadokien erzählen können, dafür aber von einem anderen Land, meinem Lieblingsland Portugal. Allein schon bei der Nennung des Namens fällt mir ein, welch ein schönes Land Portugal ist. Ich habe Portugal von1998 bis 2003 viermal bereist. Das erste Mal besuchte ich eine Schule in Porto, habe dort hospitiert und unterrichtet.

Dafür haben die Portugiesen ein Sprichwort: In Porto wird gearbeitet, in Lissabon wird gefeiert. Um das zu erleben habe ich einen Tagesausflug in die Hauptstadt gemacht, habe die lebensfrohen und lauten Portugiesen kennen gelernt und die Sehenswürdigkeiten der Stadt besichtigt.

Die nächsten drei einwöchigen Reisen habe ich mit meinem ehemaligen Schüler Paulo unternommen. Mit ihm habe ich die Gebirgsketten entlang der spanischen Grenzen im Osten mit einem Mietauto durchfahren. Wir sind durch die farbenprächtigen Landschaften gefahren, haben Felder mit gelbem Raps, mit lila Lavendel und kleinen grünen Olivenbäumen durchquert, und sind dann an der Westküste von Portugal barfuß über lange Sandstrände, felsiges Küstenstein gewandert, und machten Rast an der Mündung des Flusses Douro und Tejo. Das Highlight war der südlichste Landzipfel Europas, das Cabo Sao Vincente.

Hier schien die Sonne auf dass tiefblaue Wasser des Atlantiks. Wenn ich meine Augen schloss, sah ich den abendlichen Sonnenuntergang, und konnte vor meinem geistigen Auge die Farbpalette des Wassers wie auf einem Foto wahrnehmen. Ein wunderschöner Anblick.

Wenn ich mir vorstelle, ich würde es jetzt tun, dann träumte ich von der Farbenpracht der ins Meer versinkenden Sonne, schilderte euch meine Gefühle und würde dann meine Augen öffnen. Ich würde erstaunt um mich blicken und feststellen, keiner wäre mehr hier in Meiderich im Saal. Wie schrecklich! Auf meine Frage, wo sind sie alle, bekäme ich die Antwort: „Sie sind alle nach Portugal gezogen." Wie schlimm!

Aber ich weiß, dass ihr alle ausgeharrt habt, um das Ende meiner Geschichte zu hören bzw. zu lesen.

Ich verabschiede mich in portugiesischer Sprache mit deutscher Übersetzung:
Muito obrigado per tudo .
Vielen Dank für alles. (fürs Zuhören und Lesen)
Ate logo.
Auf Wiedersehen. (wörtlich: bis ich euch wiedersehe)
Ate a proxima (vez).
Bis zum nächsten Mal.
Tchau.
Tschüs.

Ein Meidericher Jung

Von Friedel Lubitz

Klaus H. schob den Instrumentenkoffer mit seinem Akkordeon in die Ecke seines Zimmers. Müde und abgeschlafft fläzte er sich in den Sessel. Er lehnte sich zurück und ließ das Wochenende noch einmal Revue passieren. Er war von der Freizeit mit der Jugendgruppe der evangelischen Kirche Mittelmeiderich begeistert gewesen. Der Programmablauf war fantastisch verlaufen und gut konzipiert.

Am Abend zuvor hatte er Lieder mit seiner „Quetschkommode", wie er liebevoll sein Instrument nannte, begleitet. Die Jugendlichen hatten Volks-, Fahrten- und Tanzlieder mitgeschmettert. Seine Stimme war immer noch heiser. Aber Klaus wollte mehr bieten, wollte mehr sein als nur Spaßmacher oder Alleinunterhalter. Deshalb kaufte er sich später eine Gitarre. Anfangs hatten seine Zuhörer mitgesungen, aber immer öfters hatten Freunde und Bekannte seiner sonoren Bassstimme zugehört. Klaus trug nun Balladen und Folksongs vor. Diese verfehlten ihre emotionale Wirkung nicht.

„Der Liebe wegen" zog Klaus von Meiderich in den Süden Duisburgs. Mit dem evangelischen Kirchenchor blieb er in Verbindung. Seine Bassstimme bereicherte den Klang der Männerstimmen.

Bild 34 Karl Ridderbusch, Kammersänger und Weltstar, kam 1934 als Zweijähriger nach Meiderich und besuchte später das Max-Planck-Gymnasium.

Als die Chorleitung Anfang der achtziger Jahre wechselte, verließ Klaus den Kirchenchor und trat dem Polizeichor Duisburg bei. Den Freunden, die im Kirchenchor mitgesungen hatten, blieb Klaus treu.

Sein 40. Geburtstag nahte, und Klaus lud zum Geburtstag ein. Die Freunde überlegten ein passendes Geburtstagsgeschenk. Sie kamen auf die Idee, ihm zehn Gesangsstunden zu schenken. Klaus' Familie war bereit, weitere zu bezahlen.

Nach den ersten Proben gab die Gesangslehrerin das Statement: „Wenn Sie Jahre früher gekommen wären, hätten Sie eine große Karriere machen können." Aber Klaus war mit dem zufrieden, was ihm neben seinem Beruf als Städtischer Beamter angeboten wurde. Er sang auf dem Weihnachtskonzert des Polizeichores seine erste Solopartie als Nachfolger von Karl Ridderbusch, dem bekannten Bass aus Meiderich.

Klaus' Interpretation des Liedes „Jerusalem" von Fritz Ihlau begeisterte das Publikum in der Mercatorhalle.

Seitdem sang Klaus jedes Jahr zu Weihnachten dieses Lied. Klaus entwickelte seinen Gesang weiter. Selbstsicher, laut und deutlich sang er Duette oder Terzette mit bekannten Sängern und Sängerinnen. Der Polizeichor war um eine Attraktion reicher geworden.

Anlässlich einer Silberhochzeit wollten einige Sänger des Polizeichores dem Silberpaar ein Ständchen bringen. Zum Proben zogen sie sich in den Vorraum einer Toilette zurück. Dort wurde die Idee geboren, mit diesem kleinen Vokalensemble eine „andere" Chormusik zu machen. Da jener Raum in der englischen Sprache „restroom" heißt, stand der Name für die Gruppe schnell fest: „Restroom-Singers". Nach einiger Zeit gehörte Klaus auch dazu. Bis heute treten sie in Konzertsälen mit einem Fassungsvermögen bis zu 500 Personen auf. Ihr Repertoire reicht von europäischen Folksongs über Shantys, Spirituals, Gospels bis hin zu Balladen. Durch Mund zu Mund - Propaganda erhalten sie Einladungen in ganz Deutschland. Nach den Konzerten werden auch ihre CDs verkauft.

Und Klaus kehrte auch wieder zu seinen Wurzeln zurück und wohnt wieder in Meiderich.

Er ist und bleibt eben ein „Meidericher Jung".

Entspannung Glücksgefühle – total

Von Friedel Lubitz

Ich gehe in den Stadtpark, um meine verkrampfte Fußmuskulatur zu lösen und meine Nerven zu entspannen. Wenn ich am Minigolfplatz den Park betrete, dann umgibt mich eine eigene Welt. An der ersten Wegkreuzung begegnet mir ein Mann mit einem Hund an der langen Leine. Sie setzen ihren Weg Richtung Hundeverein an der Schlickstraße fort. Dann bin ich wieder allein. Kein Mensch ist zu sehen. Ich blicke in die Weite des Stadtparks. Mein Weg führt mich weiter Richtung Kinderspielplätze.
Ich gehe langsam und hänge meinen Gedanken nach. Ich erinnere mich, dass der Stadtpark eine ideale Erholungsstätte zu jeder Jahreszeit ist. Diesen Rundgang habe ich schon oft gemacht.

Bild 35   Ansichtskarte des Meidericher Stadtparks 1965

Da fiel mir ein, dass ich einmal ein Büchlein gekauft hatte. Der Titel lautete: „Manchmal muss man ans Meer fahren, um glücklich zu sein. Mein momentanes Glücksgefühl war identisch mit den Verhaltensregeln, die ich gelesen hatte:
Im Frühling muss man einfach nur in hohe Bäume schauen, damit die Sorgen klein werden, in deren Kronen du das Tor zum Himmel findest. Im Sommer muss man einfach nur in der Sonne sitzen, um die Schatten zu verscheuchen. Im Herbst muss man einfach nur durch den Wald gehen, um neue Hoffnung zu schöpfen und Blätter unter den Schuhen rascheln hören. Im Winter muss man

einen Spaziergang im Schnee machen, das leise Knirschen der Schritte hören und sonst nichts. All diese Gedanken müsste man haben um glücklich zu sein. All diese Jahreszeiten habe ich schon erlebt. Am Rosengarten nehme ich auf einer Parkbank Platz und genieße die Stille in den nächsten Minuten. Dann stehe ich gelassen auf und gehe zu meiner Wohnung zurück.

Für den Nachmittag habe ich mir vorgenommen, klassische Musik zu hören: Die 5. Sinfonie von Beethoven. Meine Familie ist von Freunden eingeladen worden, bei denen Kinder und Enkelkinder spielen können. Ich sitze mit ausgestreckten Beinen auf der Couch, blicke auf die Wiese im Garten und lausche den Musikklängen. Wie hieß es doch an anderer Stelle in meinem Büchlein: Manchmal muss man einfach nur Musik hören, um auf neue Ideen zu kommen, sich auf Töne einlassen, mitschwingen und der Seele Flügel verleihen. Irgendwie macht sich jetzt das Gefühl an diesem Montag zu einem Sonntag breit. Wie hatte doch Hildegard Knef vor Jahren gesungen? Der Text dieses Liedes war mit den Regeln identisch: Manchmal muss man einfach nur den Montag zum Sonntag machen. Dann gehört er nur dir. Genieße ihn und halte dich fern von Listen und Telefonaten.

Um diesen Genuss weiterhin auszukosten, lese ich gern ein Buch. So steht in dem Büchlein geschrieben: Manchmal muss man nur ein Buch lesen, um Zeit zu besitzen. Bücher lesen bedeutet vor allem, Zeit nehmen für sich ganz allein. Aber was ich zurzeit ganz gern befolge: Manchmal muss man nur ein Buch oder eine Geschichte schreiben, um seinem Herzen Luft zu machen, Gefühle abzuladen, Gedanken zu Papier bringen. Dann soll man das Buch zuklappen, weil die Seiten schwerer geworden sind und die Seele leichter.

Den Beweis haben Sie ja gehört und gesehen, später auch gelesen. Zum Schluss möchte ich bekennen: Beide Orte, der Stadtpark und mein Zuhause, sind Orte, in denen ich das Glück finde und gefunden habe. An beiden Stellen fühle ich mich wohl und geborgen. Es gibt noch mehrere Plätze, an denen ich glücklich bin und sein darf. Wenn ich Freunde treffe, Sport treibe, und wenn ich mit dem Autorenteam ´Hahnenfeder` zusammenkomme. Wenn wir unsere Geschichten bei Lesungen einem Publikum vortragen dürfen. All diese glücklichen Momente erlebe ich in Meiderich.

Gedanken im November

Von Friedel Lubitz

„November, immer ein trauriger Monat", sagte schon mein Großvater. „Aller-heiligen, Reichspogromnacht, Volkstrauertag, Buß- und Bettag, Totensonntag, und dann immer dieses Schmuddelwetter: Regen, Nebel, wenig Sonne". Erin-nerungen werden wach an Menschen, die man verloren, vergessen oder auch geliebt hat. Alles drückt aufs Gemüt, auf die Seele. Aber ich lasse mich heute nicht von den Gedanken erdrücken, sondern erachte jede einzelne Erinnerung als ein Geschenk, das ich bekommen habe. Dann freue ich mich auf den nächs-ten Moment, in dem mir ein solches Geschenkpaket in den Schoß gelegt wird. Wenn ich früher meinen Großvater besuchte, dann roch es Ende November im ganzen Hausflur nach Kuchen, Plätzchen oder anderen Backwaren. Großvater führte mich dann ins Wohnzimmer. In die Küche durfte ich nicht hinein-schauen, weil Oma die ersten Weihnachtsplätzchen backte. „Stör sie am bes-ten nicht, sie backt ja auch die Plätzchen für dich, und du sollst ja auch über-rascht werden", flüsterte mir Opa zu und setzte sich in den alten Ohrensessel. Ich durfte auf dem gepolsterten Höckerchen zu seinen Füßen Platz nehmen. Und dann entstand ein richtiges Männergespräch. Jetzt hatte ich Opa ganz für mich allein. Wenn er dann mir Gedichte vorlas, genoss ich die Zeit. Er konnte die Worte so schön betonen. Im Zimmer war es dann mucksmäuschenstill. Ich wagte kaum Atem zu holen, weil ich kein Wort verpassen wollte.

Und heute bin ich der Großvater, der seiner Enkelin Gedichte vorliest. Dann stelle ich fest, dass ich das Erbe von meinem Opa übernommen habe. Auch ich habe jetzt einen Lieblingsplatz, ei-nen Ledersessel, direkt vor dem Fens-ter. Vor mir liegt ein Buch, in dem ich entweder lese oder aus dem ich vor-lese. In den Pausen schaue ich in den Garten und beobachte die Vögel. In meinen freien Stunden sitze ich am Schreibtisch in meinem Arbeitszimmer und schreibe Gedichte. Ich verschicke sie dann als Glückwunschzeilen oder benutze sie als Texte für einen lieben Menschen.

Bild 36 Herbst im Stadtpark

Das folgende Gedicht habe ich an einem schmuddeligen Novemberabend aufgeschrieben:

Das Leben ist wie ein Theaterstück,
handelt von Liebe, Leid, Pech oder Glück.
Man selbst spielt in dem Stück die erste Geige,
geht diese Rolle dann zu Neige,
nimmt man auch mal eine Nebenrolle,
eine bescheidene, aber eine ganz tolle.
Wenn man dann älter wird und auch besonnen,
wird mit dem Soufflieren dann begonnen,
man flüstert Jüngeren die Erfahrung weiter,
das Leben soll man nehmen, froh und heiter.
Selbst wenn der letzte Vorhang fällt,
ist man der Glücklichste auf dieser Welt.

Themenwechsel! Lachen ist gesund. Ich erinnere mich, dass mein Großvater Geschichten so erzählen konnte, dass ich immer glaubte, er habe sie selbst erlebt. Dabei hatte er die Witze so umformuliert, als seien sie seine eigenen Erlebnisse gewesen. Ich staunte immer, aber hinterher habe ich auch laut darüber gelacht. Der Spruch meines Opas ist mir bis heute haften geblieben: „Na, jetzt hast du heute wenigstens schon mal gelacht."

Wenn ich heute Freunde treffe und merke, dass sie trüben Gedanken nachhängen, stelle ich sofort die Frage: „Hast du heute schon gelacht?" Ich lache dann selbst und stelle fest, dass Lachen ansteckend wirkt. Der Freund lacht mit. Zusammenfassend kann ich nur sagen, was an Novembertagen hilft. Der Tag beginnt mit einem Lächeln und endet mit einem fröhlichen Lachen.

Barfuß bis zur Badekappe

Von Helmut Willmeroth

„Sie wissen ja Bescheid, oder?" - Jedes Mal, wenn ein Nutzer des Meidericher Stadtteilbades am Zuschlag das Bad nach dem Schwimmen verließ, spulte die Dame am Kassenhäuschen automatisch diese Frage ab.

„Wie, Bescheid wissen, was ist denn los?" reagierte nahezu jeder der erstaunten Schwimmtüchtigen.

Nun, eine ganze Menge sollte bald los sein: Meiderich stand vor dem ersten Nacktbadetag seiner Geschichte! Die Bäderabteilung des Sportamtes und das Bezirksamt Meiderich wollten den Versuch starten, zukünftig freitags einen Badeabend im Adams – und Evas-Kostüm anzubieten.

Natürlich gab es die ganze Palette der möglichen Reaktionen. Empörte Bürger riefen bei den Ämtern an und beschwerten sich, z.B. mit der Begründung, man gehe schließlich freitags immer mit seinen Kindern zum Schwimmen.

Andere wiederum begrüßten das Angebot, unter anderem mit der Begründung, „nackt sein" sei schließlich das Natürlichste auf der Welt.

Man kann es halt nicht allen recht machen.

Auch bei den Bediensteten des Bades war die Entscheidung durchaus umstritten. „Wenn ich hätte wählen können, hätte ich mir Freitag frei genommen", war die ehrliche Aussage so mancher Dame des Aufsichtspersonals.

Von höchster Stelle kam aber auch Lob für diesen Versuch, und Kulturdezernent Dr. Konrad Schilling war überzeugt: „Wenn sich das erst einmal herumgesprochen hat, wird das ein Renner!"

Die Resonanz am ersten Nacktbadefreitag am 2. Dezember 1977 war jedoch eher dürftig: Gerade einmal 13 Schwimmer verloren sich in den Fluten des Obermeidericher Bades mit nichts als der Badehaube bekleidet, denn die blieb aus hygienischen Gründen natürlich Pflicht. Schließlich könnten ausgefallene Haare die Zu – und Abläufe des Schwimmbeckens verstopfen.

Dass auch Schamhaare ausfallen, wusste man, aber eine Schamhaarhaube war schließlich noch nicht erfunden und hätte die Idee des Nacktbadens auch irgendwie ad absurdum geführt.

Übrigens: Alle anwesenden Schwimmer waren männlich!

Während ein überzeugter FKK-Urlauber „die Idee ganz prima" fand, machten sich andere Besucher, die von dem besonderen Schwimmabend überrascht wurden, wieder auf den Weg nach Hause.

Es gab auch flexible Besucher, die von der Aktion nichts mitbekommen hatten. So entschloss sich ein Vater mit seinen zwei Söhnen, die jeden Freitagabend zum Schwimmen kamen, die Badehosen abzulegen und zu bleiben. „Dann muss ich nachher auch die Badehosen nicht zum Trocknen auf die Leine hängen", sah sich der Vater um eine Aufgabe erleichtert.

Dr. Konrad Schilling und seine Mitschwimmer hatten jedenfalls ihren Spaß am Schwimmen ohne lästige Textilien. Daran änderten auch nichts die Blicke Neugieriger, die im Vorraum verharrten und das nackte Treiben aus sicherer Distanz verfolgten.

Am nächsten „normalen" Badetag hatte ein Schwimmer seine Badekappe vergessen. Er durfte natürlich erst ins Wasser, nachdem er sich aus dem Fundus des Schwimmbades eine solche geliehen hatte.

Verrückte Welt!

Der Nacktbadetag im Stadtteilbad Am Zuschlag wurde übrigens nach kurzer Zeit mangels Nackter wieder eingestellt.

Bild 37 Schwimmsymbole früherer Zeiten

Schrotti

Von Dieter Lesemann

Ein gelber Ostfriesennerz schaukelt schwer von rechts nach links und wieder nach rechts.

Aus ihm ragen nach unten hin zwei Hosenbeine heraus, in denen sich relativ dünne, aber kräftige Beine im Rhythmus der Pedale auf und ab bewegen. Beine, die alles geben, um die schwere Last, die sich in einem kleinen Hänger hinter dem schäbigen Fahrrad befindet, vorwärts zu bewegen: eine halbe Badewanne, sechs verrostete Wasserrohre von ca. einem Meter Länge, ein Kühlschrankmotor, eine ausrangierte Hantel, wie sie Gewichtheber stemmen, eine alte Zinkwanne, ein eisernes Gartentor, das schon bessere Zeiten gesehen haben muss und allerlei metallener Kleinkram aus Küche, Keller und Werkstatt.

Zwei sehnige Hände halten das Fahrrad in der Spur und drücken kräftig auf den Lenker, damit dieser nicht unter der Last des Hängers den Kontakt zum löchrigen Asphalt der Bleibtreustraße verliert. Dabei hilft auch ein kräftiges Fluchen, das ohne Unterbrechung aus dem Mund des leicht geschwärzten Gesichtes zu hören ist.

Als die gelbe Jacke auf Höhe der Hausnummer 22 ist, sieht sie mich beim Ausladen einer Kiste KöPi: „Hasse wat da, Meister?" „Nee", antworte ich wahrheitsgemäß und erinnere ihn: „Du hast doch neulich bei mir schon alles weggeholt." - „Auch keine alten Töppe oder sowat? Kabel vielleicht?" - „Leider nicht", antworte ich und hebe den vollen Bierkasten aus dem Kofferraum meines Tourans.

Ich bemerke, wie der Mensch in der gelben Jacke kurz nachdenkt. Das Ergebnis seines Nachdenkens konzentriert sich dann in der Frage: „Hasse ma ne Flasche übrig?" Ich überlege kurz, greife dann aber doch recht schnell zu einer der Flaschen in der Kiste und halte sie ihm hin. Anstatt des erwarteten ‚Danke schön' fragt er: „Auch zwei?". Ich überlege jetzt etwas länger als bei der ersten Flasche, entscheide mich dann aber, ihm auch diesen Wunsch zu erfüllen. Bevor ich ein „Auch drei?" höre, verschwinde ich mit meiner Bierkiste hinter meinem Gartentor.

‚Schrotti', wie ihn in Meiderich fast alle liebevoll nennen, ist ein Original. Aber keins, dem die Kinder hinterher äffen oder auf den die Erwachsenen hinabblicken, sondern ein respektiertes. Den Respekt verdient er sich durch harte körperliche Arbeit für seinen Lebensunterhalt, bei Wind und Wetter und mit einfachsten Mitteln. Das kommt im Ruhrpott an.

Natürlich ranken sich allerlei Gerüchte und Geschichten um einen solchen Menschen. „Wenn der abends nach Hause kommt, hält sein Vater ihn an den

Knöcheln hoch und schüttelt ihm seine Einnahmen aus den Hosentaschen!" behaupten manche Meidericher die familiären Verhältnisse genau zu kennen. „Erzähl' nicht so einen Unsinn, der Mann ist mehrfacher Millionär!" sind sich wiederum andere seines Reichtums sicher.

Manchmal, meist sonntags, sieht man ihn auch in sauberer, ordentlicher Kleidung, ohne Fahrrad und mit weit ausholendem Schritt durch den Stadtteil gehen.

An einem Sonntag, es war der Sonntag einer Bundestagswahl, treffe ich ihn in einer Meidericher Kneipe. „Na, Werner, wat hass du denn gewählt?" fragt er den Wirt. „Das werde ich dir nicht auf die Nase binden!" antwortet dieser. „Mich machse nix vor", antwortet Schrotti, „wir Unternehmer wählen doch alle CDU!"

Bild 38 „Ralle" bei der Arbeit auf der Westender Straße

Auch scheint er eine beachtliche Sammlung von Plüschtieren zu haben. Er geht von keinem Meidericher Trödelmarkt nach Hause, ohne zwei bis drei solcher kuscheligen Gesellen gekauft zu haben. Wer will, mag jetzt über den Gegensatz von hartem Schrott und weichem Plüschtier philosophieren.

Schrottis Suche nach Metallenem ist manchmal grenzenlos.

„Was machst du denn hier?" will eine erstaunte Meidericherin eines Tages wissen, als sie in ihren Keller kommt, um nach der Wäsche in der Waschmaschine zu sehen. „Ich wollt nur ma gucken, oppe wat für mich hass", ist seine Antwort nicht von Zweifeln geplagt, ob das alles rechtens sei, was er hier tue. Obwohl die Meidericherin Waschmaschine und Kellertüre-Vorhängeschloss an ihrem Platz sieht, verweist sie ihn dann aber doch sehr bestimmt ihres Grundstücks. Auf der Schlachtenstraße in Meiderich gehörte Schrotti zum Ensemble folgenden Schauspiels: Ein Anwohner der Straße hatte auf seine Frage: „Un', Meister, hasse wat da?" mit „Ja, komm mal mit" geantwortet. In diesem Augenblick tritt eine in Untermeiderich ebenfalls bekannte junge Frau aus einem der Nachbarhäuser. Sie hat – wie üblich – ihren kleinen weißen Hund an der Leine. Sie tut keiner Fliege etwas zuleide, ist aber psychisch krank und pflegt während ihrer Spaziergänge laute Selbstgespräche zu führen. Dabei beklagt sie unüberhörbar das Wetter oder die Tatsache, dass es bei Aldi im Januar schon Osterhasen zu kaufen gibt. Als Schrotti sie sieht, vergisst er die eiserne Überraschung, die auf ihn wartet und sagt: „Ach du lieber Gott, jetzt kommt die! Ich hau ab!" Dann besteigt er sein Rad und lässt den vermeintlichen Gönner verdutzt zurück.

Stammkunde ist er auch bei einem Anwohner der Fauststraße. Als dieser ihn an einem kalten Dezembertag, kurz vor Weihnachten mit dem Satz „heute hab' ich leider nix für dich" enttäuschen muss, hakt Schrotti nach: „Hasse denn ‚ne kleine Weihnachtsgratifikation für mich?"

Einmal sehe ich ihn an einem Montag in seinem Sonntagsstaat die Sommerstraße herunterkommen. Als er näher kommt, kann ich sein Gebrabbel, das schon die ganze Zeit anhält, endlich verstehen: „Ich hab Urlaub! Ich hab Urlaub." Jetzt wissen die Meidericher natürlich, warum sie ihren Schrotti an einem Montag ohne Fahrrad und ohne den gelben Ostfriesennerz im Stadtteil antreffen.

Am Flaschencontainer unter der A59 sieht er eine junge Meidericherin mit zwei Plastiktüten voll leerer Flaschen. Sie will sie dort entsorgen. Er denkt aber, sie sei Flaschensammlerin und habe Pfandflaschen aus dem Glascontainer geholt. Sein eigenes berufliches Schicksal als Metall-Recycler vor Augen, will er die junge Frau vor einer falschen Berufswahl warnen und rät ihr wohlmeinend: „ Fang' bloß nich an mitti Scheiße!"

Meidericher Kommunikationen

Von Friedel Lubitz

Der Meidericher Stadtpark ist für mich ein Ort, wo ich meine Gedanken in die Ferne schweifen lassen oder auch durchstrukturieren kann. Während dieser Phasen sieht man Passanten, die über die Wege eilen, laufen, joggen oder schlendern. Einige Zeit später schauen sie sich um, wo sie einen Platz für sich, für ihre Kinder oder für ihre Hunde finden können. Für mich ist der Park eine

Bild 39 Ansichtskarte des Meidericher Stadtparks aus den 1920ern

gute Stätte, um meine Gelenke zu lockern oder um mich auszuruhen.

An einem Wochenende hatte ich mich so gegen halb elf Uhr im Park eingefunden, hatte die Talsohle, in der ein paar Jungen Fußball spielten, umrundet, war schnellen Schrittes am Biergarten vorbeigegangen und hatte mich auf eine Bank am Rand des Säulenganges gesetzt, um mich auszuruhen. Von hier sah ich das satte Grün der Wiesen und Bäume. Die morgendliche Stille tat mir gut, und ich döste einfach so vor mich hin.

Doch dann machte ich eine erstaunliche Entdeckung. Zwei junge Männer, etwa 18 bis 20 Jahre alt, kamen langsam über den Weg. In der Hand hielt jeder ein iPod und tippte mit den Fingern auf die Schaltfläche. Aus den Ohren der beiden hingen Kabel der Kopfhörer. Angespannt hatten sie ihre Köpfe nach unten gesenkt. Keiner sprach mit dem Anderen, nur ihre Köpfe nickten.

Ich erinnerte mich an eine Karikatur in einer Zeitung: Früher lasen junge Menschen den Struwwelpeter mit der Geschichte vom ‚Hans-guck-in-die-Luft', der immer den Kopf nach oben streckte und den Vögeln nachschaute. Heute haben Jugendliche den Kopf gesenkt, um auf´s Tableau zu gucken.

Die beiden Zeichnungen sah ich jetzt vor meinem geistigen Auge. Ich sah dann wohl die Köpfe der beiden Männer mal nach rechts oder links blicken, damit sie das gleiche Schritttempo einhielten. Keine Lippenbewegung, kein Lächeln, nur ein Gleichschritt. Wenige Sekunden später joggte jetzt ein Ehepaar und machte den Ansatz, die beiden Jungen zu überholen. Das Paar trug die gleiche Sportkleidung, T-Shirt mit V-Ausschnitt, kurze Shorts. Beide hatten die Arme angewinkelt und bewegten sie vor und zurück. Diese Bewegung erinnerte mich an Kinder, die früher eine anfahrende Lokomotive nachahmten. Es sah schon irgendwie komisch aus. Während des Überholvorgangs wischte sich der Mann den Schweiß von der Stirn. Seine Frau nickte ihm wohlwollend zu. Danach stand ich auf, in der Absicht, die Leute weiterhin zu beobachten. Ich wollte sehen, ob außer den Kopfbewegungen doch noch ein Wort miteinander gesprochen würde.

Was machte ich in der Zwischenzeit? Ich sang leise das Lied ´Auf du junger Wandersmann'. In dem Rhythmus des Liedes setzte ich einen Schritt vor den andern. Und welcher Gedanke breitete sich jetzt in meinem Kopf aus? Das ist wohl die neue Art von Meidericher Unterhaltung. Man spricht nicht miteinander, gibt nur Blicke an den Partner weiter, gibt durch Kopfnicken das Zeichen, das man ebenbürtig ist und zeigt vielleicht noch ein kurzes Lächeln.

So ist das Leben im Stadtpark. Man sieht sich an, man nickt, man singt.

Das ist die neue Meidericher Kommunikation.

An Onkel Werners Hand durch Duisburg

Von Helmut Willmeroth

Der 5. Rhein-Ruhr-Marathon durch Duisburg am 28.09.1985 sollte mein erster Lauf-Wettkampf über die klassische Langstrecke werden.

Dieses Vorhaben will gut vorbereitet sein. Ein Jahr Training ist normalerweise Voraussetzung. Je nach dem zeitlichen Ziel, das man sich gesteckt hat, bedeutet das – wie in meinem Fall – 60 bis 70 km Training pro Woche und in den letzten Monaten auch regelmäßige 3-Stunden-Läufe, um den Körper an die Herausforderungen eines Marathonlaufes über 42,195 km zu gewöhnen. Am besten schließt man sich dazu einem Lauftreff an. Das stärkt das Durchhaltevermögen, und man trifft auf erfahrene Läufer, deren Tipps Gold wert sein können.

Bild 40 Helmut Willmeroth (links) und Werner Maistrak beim Duisburg Marathon

Ich schloss mich der Lauftreffgruppe von Eintracht Duisburg an, in der auch mein Freund Werner Maistrak trainierte.

Werner Maistrak ist „in Meiderich bekannt wie ein bunter Hund" wie Laudatorin Bärbel Zieling, ehemals Oberbürgermeisterin von Duisburg, ihn bei der Verleihung des ‚Goldenen Hahns' für das Ehrenamt in Meiderich einmal beschrieb.

‚Onkel Werner', wie er wegen seines langjährigen Engagements bei der Meidericher Märchenbühne gern genannt wurde, war leidenschaftlicher Langstreckenläufer und so kam es, dass er mein Zugpferd bei meinem ersten Marathonlauf wurde.

Nervöses Treiben herrschte an diesem Sonntag im Sportpark Wedau: noch ein bisschen warmlaufen, noch ein paar Dehnübungen und vor alles Dingen: noch mal schnell zum Klo!

Endlich fiel der Startschuss und mehr als 2.500 Läuferinnen und Läufer gingen die ‚Mission Rhein-Ruhr-Marathon' an.

Werner Maistrak trug – wie schon bei den ersten vier Duisburger Marathon-läufen - wieder ‚seine' Startnummer 777, ich hatte die 314. Ich war bis in die Haarspitzen motiviert, und Werner überspielte meine Nervosität mit lockeren Sprüchen wie „Der Laufsport bringt dich nicht nur in Form, sondern auch deinen Körper in ein schöneres Format!" oder „Lieber am Anfang hinten liegen und am Ende vorn sein als am Anfang vorn liegen und am Ende am Ende sein!"

Für die ersten Kilometer hatten wir uns 5 Minuten und 45 Sekunden pro Kilometer vorgenommen. Ich wollte mich unbedingt daran halten. Als ich dann feststellte, dass mich ältere Läufer überholten, wurde ich unruhig. Mit noch nicht einmal 40 Jahren stand ich ja schließlich voll im Langstreckenläufer-Saft! Ich wurde etwas schneller, aber sofort pfiff mich Werner zurück und ermahnte mich, besonnen zu bleiben: „Bleib bei der vereinbarten Durchgangszeit, damit du nicht zu früh an deine Grenzen gehst!"

Über Wedau, Großenbaum, Buchholz, Wanheimerort, Hochfeld, Rheinhausen, Homberg und Ruhrort kamen wir schließlich – schon nahe bei Kilometer 30 - auf Meidericher Gebiet.* Die Heimat war nah, das Ziel noch längst nicht erreicht, und der Marathon forderte seinen Tribut: Alle Muskeln schmerzten, die Beine wurden schwer und schwerer.

Allein die Begeisterung auf der Von-der-Mark-Straße trug uns immer weiter: „Hopp, hopp, Clemens und Werner!" „ Werner und Clemens, ihr seht gut aus!" „Clemens, Werner, das schafft ihr! Bleibt dran!"

Unsere Namen wurden so oft gerufen, dass ein neben uns laufender Marathoni aus Bayern fragte: „Jo mei, seids ihr do Bürgermeister?"

Unter den Klängen der elektronischen Orgel, auf der Anita Dembski jetzt wohl schon bald fünf Stunden spielte – auch eine Marathonleistung – ging es dann weiter Richtung Ratingsee-Siedlung. Wir waren zwischen Km 35 und 37 als ‚der Mann mit dem Hammer', wie es ‚Marathonpapst' Manfred Steffny einmal ausdrückte, kam: Muskelschmerzen, Wassermangel, tonnenschwere Beine, Niemandsland, keine Anfeuerungsrufe mehr! Ich sehnte mich nach einer Gehpause!

„Wenn es eben geht, jetzt weiterlaufen, Clemens, nach Möglichkeit nicht gehen oder stehen bleiben. Es werden dann immer mehr Gehpausen und am Ende steigst du aus oder der Besenwagen sammelt dich ein."

Mit diesen Ratschlägen griff der Marathon erfahrene Werner in meine Gedanken ein.

Ich lief also – etwas langsamer – weiter und die Tatsache, dass wir immer mehr Läufer, die gingen oder am Straßenrand saßen, überholten und das Ziel immer näher rückte, steigerte die Motivation, das Ziel zu erreichen, noch einmal kräftig.

Plötzlich läufst du wie im Rausch und plötzlich merkst du, der Traum wird wahr und mit großer Euphorie und „Geschafft! Geschafft!" rufend lief ich über die Ziellinie. Die Anstrengung, die Anspannung, die Freude, all das kullerte als Tränen über meine Wangen. Ich suchte noch meinen Werner, dabei stand er doch im Zielauslauf gleich neben mir, und fiel ihm um den Hals, wohl wissend, dass ich meinen ersten Marathon ohne ihn vielleicht nicht geschafft hätte.

„Danke, Onkel Werner!"

In den nächsten Jahrzehnten sollten für mich noch 45 weitere Marathonläufe folgen. Sie waren entspannter, schneller und immer ohne vorzeitigen Ausstieg. Aber der erste bleibt natürlich der erste!

* Inzwischen hat sich die Streckenführung des Duisburger Marathons geändert. Der Meidericher Abschnitt liegt etwa zwischen Km 10 und 17.

Der schnelle Leichenzug

Von Hermann Fengels

In früheren Zeiten war es ja so: Wenn jemand gestorben war, wurde der Tote zuhause aufgebahrt, und die Beerdigung ging mit Pferd und Wagen vom Haus des Verstorbenen aus. Bis Anfang der Fünfziger Jahre des vorigen Jahrhunderts war das so Usus. Dann wurde das abgeschafft, warum weiß ich nicht, vielleicht wegen der Hygiene.

Um diese Zeit hatten sich die meisten Fuhrunternehmer schon auf LKWs umgestellt. Es gab auch nur noch einige Kohlenhändler, die ihre Kohlen mit Pferd und Bollerwagen unter die Leute brachten. Dazu hatten sie dann auch oft noch einen Leichenwagen im Stall stehen, womit sie dann, wenn jemand gestorben war, noch so manche Mark dazu verdienen konnten. Es war jedoch überall bekannt, dass die Fuhrleute, die bei den Kohlenhändlern angestellt waren, sich gern einen hinter die Binde gossen und genau an dieser Stelle fängt meine Geschichte erst richtig an.

Bild 41 Die ‚Likestroot' (Leichenstraße) von Obermeiderich nach Meiderich Dorf

Auf der Kückendellstraße war jemand gestorben und sollte in Obermeiderich auf dem Friedhof an der Bügelstraße beigesetzt werden. Pastor Rothe, die Toten-träger, die Familie und die ganze Trauergemeinde standen vor der Tür und warteten auf den Leichenwagen. Fast schon zehn Minuten über der Zeit kam das Leichengespann um die Ecke geprescht. Als Pastor Rothe dem Fuhrmann die Leviten lesen wollte, weil er zu spät wäre, sagte jener bloß, er wäre doch genau um die Zeit losgefahren, die man ihm angegeben hätte. Dass er sich aber unterwegs an der Trinkhalle noch schnell einen zur Brust genommen hatte, verschwieg er. Aber man konnte es riechen. Er sagte noch, dass man die Zeit doch leicht wieder reinholen könnte, die Leute bräuchten doch nur einen Schritt schneller gehen.

Endlich konnte es losgehen. Erst der Totenwagen, links und rechts davon die Träger, gleich hinter dem Wagen der Pastor und die Familie und anschließend all die Leute aus der ganzen Nachbarschaft. Die Kückendellstraße ging es noch ganz gemächlich entlang, doch über die Biesen- und Baustraße gingen die Leute schon schneller. Als der Leichenzug dann oben an der Ecke beim Konditor Gallhoff an der Laaker Straße ankam, war vom Leichenwagen schon gar nichts mehr zu sehen. Der war bereits in die Augustastraße eingebogen und ließ es nun richtig angehen. Dass die Träger versuchten den Wagen aufzuhalten, nutzte nichts. Die Fahrt ging über die Augustastraße, durch die Singstraße und die Herkenberger Straße bis hin zur Walzstraße.

Hier muss ich allerdings berichten, dass die Walzstraße damals noch von der Bahnhofstraße bis zur Bügelstraße durchging. Erst einige Jahre später ist sie dann am Schlachthof abgetrennt und von der Emmericher Straße an bis zur Bügelstraße in Gelderblomstraße umbenannt worden.

Aber nun wieder zurück zu unserem Leichenzug. Der Leichenwagen war weg, und so zog die ganze Trauergesellschaft ohne Leiche bis zur Bügelstraße. Dort stand der Totenwagen bei der Wirtschaft Laacks vor der Türe. Der Kutscher stand mit einer Flasche Bier in der Hand daneben und sagte: „Wo bleibt ihr denn? Erst hattet ihr es so eilig, nun stehe ich hier schon gut eine Viertelstunde und muss auf euch warten. Ich verstehe die Welt nicht mehr."

Dass ihm Pastor Rothe nicht eine Ohrfeige verpasst hat, war ein Wunder. Aber was er ihm gesagt hat, das waren gewiss keine Sprüche aus der Bibel. Der Tote ist aber doch noch gut unter die Erde gekommen. Der Fuhrmann jedoch durfte von Stund' an keinen Leichenwagen mehr fahren. Aber das machte ihm nicht viel aus. Denn kurze Zeit darauf wurden die Hausbestattungen sowieso abgeschafft.

Diese Geschichte ist wahr. Dafür garantiere ich, denn meine Mutter war auch mit zur Beerdigung. Sie kam ganz aufgeregt abends nach Hause und hat uns alles erzählt. Den Fuhrmann habe ich selbst auch noch gut gekannt. Deshalb habe ich mit Bedacht hier seinen Namen nicht genannt. Er hat nämlich eine große Verwandtschaft und einige Nachkommen. Die könnten sich vielleicht noch für ihn schämen. Das will ich auch nicht.

(Vorgetragen von Friedel Lubitz)

Wunderschön

Von Friedel Lubitz

Einmal im Jahr fuhr der Obermeidericher Kirchenchor im Herbst zu einer Chorfreizeit. Hier studierte der Chorleiter Helmut Ickler mit allen Stimmen die Choräle für Weihnachten ein.

Im Jahr 1991 fuhr ich zum ersten Mal mit. Es war ein wunderschöner dreitägiger Aufenthalt. Von Freitagnachmittag bis Sonntagmittag. Nach all den Proben gestaltete der Chor am Freitagabend einen wunderschönen Bunten Abend. Ich hatte mir ein wunderschönes, interaktives Theaterstück ausgedacht. Es trug den Titel „Alles ist wunderschön". Die Aufführung fand im großen Aufenthaltsraum statt.

Als Moderator des Schauspiels erklärte ich allen Sängern, dass sie die Handlung des Stückes mitspielen sollten. Als erstes suchte ich mir die großen Männer aus dem Bass. Ich drückte ihnen eine große Wolldecke in die Hand, damit die Sicht auf die dahinter liegende Bühne verdeckt war.

Dann begann ich zu erzählen: „Der Vorhang öffnet sich zum 1. Akt." Nun mussten die beiden Männer die Decke einrollen. Was sahen die Zuschauer? Erst einmal nichts! Ich sprach weiter: „In einem wunderschönen Land stand ein wunderschönes Haus." Ich winkte zwei Tenöre herbei. Sie mussten sich gegenüberstellen und ihre Arme zu einem Dach formen. „Das Haus hatte ein wunderschönes großes Fenster." Jetzt holte ich zwei Sängerinnen herbei, die mit ihren Armen ein Fenster bilden mussten. „Vor dem großen wunderschönen Haus wuchsen zwei wunderschöne knorrige Eichen, deren Äste sich im Abendwind wiegten." Ein Sänger und eine Sängerin standen auf und spielten die Szene mit gehobenen Armen nach. „Der Vorhang schließt sich nach dem 1. Akt." Die beiden Männer breiteten die Wolldecke wieder aus.

Die ersten Lacher schallten durch den Raum, und einige Zuschauer klatschten Beifall. „Der Vorhang öffnet sich zum 2.Akt. In dem wunderschönen Haus wohnte ein wunderschönes Mädchen. Das schaute jeden Abend aus dem wunderschönen großen Fenster." Schon stand eine Altistin auf, stellte sich vor das Fenster und schaute in die Zuschauermenge. Ich fuhr fort: „Langsam stieg der wunderschöne Vollmond zwischen den wunderschönen Eichen auf." Im Nu kletterte einer auf einen Stuhl und strahlte mit seinem wunderschönen runden Gesicht zwischen den Menschenbäumen die Zuschauer an. Großes Gelächter brach aus. „Der Vorhang schließt sich nach dem 2.Akt."

Nach ein paar Sekunden hieß es wieder: „Der Vorhang öffnet sich zum 3.Akt. Dem wunderschönen Haus näherte sich ein wunderschöner junger Mann. Der älteste Tenor sprang auf und lief zur Bühne. Das war der Brüller. „Als er das wunderschöne Mädchen sah, war er sofort verliebt, fiel auf die Knie und rief: „Willst du mich heiraten?" Sie rief: „Jaaaa!" Der Vorhang schließt sich nach dem 3.Akt.

Der Vorhang öffnet sich zum 4. Akt. Die beiden heirateten sofort." Das wunderschöne Paar setzte sich auf zwei Stühle und hielt Händchen. „Dann feierten sie mit allen Freunden ein wunderschönes Hochzeitsfest."

Ich forderte alle Zuschauer auf, auf die Bühne zu kommen. Ich legte eine Schallplatte mit einem Walzer auf, und alle tanzten mit.

Ein wunderschöner Abend, der noch nach Wochen ein Gesprächsthema vor unseren Chorproben war. Ab diesem Wochenende erwuchsen Freundschaften und es schweißte den Chor noch mehr zusammen. Ein wunderschönes Gefühl!

Bild 42 Ein "wunderschönes" Cabriolet vor dem
„wunderschönen" Meidericher Bahnhof

Allerlei mit Musik

Von Friedel Lubitz

Dieses Thema hatte ich als Moderator in Radio Christophorus in Obermeiderich gewählt.

Ich saß in einem kleinen schalldichten Studio vor einem Glasfenster zum Nachbarzimmer. So hatte ich immer Blickkontakt zum Tontechniker (Herrn Bassier). Der nahm die Sendung auf Kassette auf und kopierte sie zehn Mal. Dann wurden die Kassetten an die einzelnen Häuser verteilt. In den Tagesräumen konnten dann die Senioren meine Sendung verfolgen. Allerlei mit Musik hatte ich so konzipiert, dass ich fünf oder sechs Ereignisse schilderte und hinterher dazu den passenden Schlager lieferte. Von diesen Geschichten möchte ich heute zwei vorstellen.

Nach der Erkennungsmelodie der Sendung und meiner Begrüßung begann ich zu berichten: Mitte Oktober 1969 fing ich mit dem Pädagogik-Studium an der PH in Duisburg an. Ich wohnte zu der Zeit im Studentenwohnheim in der Prinzenstraße in Duissern.

Ich hatte an einem Freitag um 18.30 Uhr das letzte Seminar verlassen und war nach Hause geeilt. Als ich den Hausflur betrat, hörte ich am Ende des Ganges durch die große Tür zum Gemeinschaftsraum für uns Studenten drei wunderschöne weibliche Stimmen, begleitet von einer Gitarre und einer kleinen Bongotrommel. Ich blieb einen Moment stehen und lauschte. Die Studentinnen sangen ein Abendlied, einen Gospel und ein Studentenlied, das ich nicht kannte. Eigentlich wollte ich die Treppe hinaufgehen und mich in meinem Zimmer im 1. Stock entspannen. Aber meine Neugier war zu groß und so öffnete ich die Tür. Per Fingerzeig deutete man mir an, leise Platz zu nehmen. Als das lustige Lied verklungen war, applaudierte ich leise. Die kleine Studentin mit der Bongotrommel auf ihrem Schoß zwinkerte mir zu, und ich lächelte zurück. Tja, meine lieben Zuhörer und Leser, hätte ich damals meiner Neugier Widerstand geleistet, säße ich heute nicht hier und wohnte auch nicht in Meiderich. Denn die kleine Trommlerin ist heute meine Frau.

Ich beendete meine Sendung mit folgender Situation: Im Mai 1973 beendete ich mein Studium und bewarb mich als Referendar an der Hauptschule Bronkhorststraße. Nach dem kurzen Vorstellen meiner Person und meiner Studienfächer teilte mir der Rektor, Herr Millinghaus, mit, dass er meine Fächer gut gebrauchen könne, aber mir keine Mentoren zur Verfügung stünden. Mit den Worten: „Versuchen Sie es an einer anderen Schule. Viel Glück", verabschiedete er sich von mir.

Kurze Zeit später saß ich im Rektorzimmer der Rekorin Frau Verres von der Hollenbergschule. Sie war von mir begeistert. „Ich habe eine kompetente Mentorin für das Fach Englisch für Sie. Der Religionslehrer ist zwar zurzeit krankgeschrieben, aber im neuen Schuljahr wieder einsatzfähig. Und im Musikunterricht sind Sie zwar ganz auf sich allein gestellt, aber Sie haben freie Hand und können alles ausprobieren, was Sie im Studium gelernt haben.

Jetzt war ich begeistert. Am Ende des Referendarjahres gestand mir Frau Verres, dass sie mich in ihr 12-köpfiges Kollegium nicht übernehmen könne, da jedes Fach durch einen Lehrer abgedeckt sei. Während unseres Gesprächs klingelte das Telefon. Die Rektorin bat mich, draußen vor der Tür zu warten. Nach zwei Minuten kam sie auf den Flur. Sie lächelte mich an. „Sie möchten bitte sofort zur Bronkhorststraße kommen. Herr Millinghaus möchte Sie als fertiger Lehrer im neuen Schuljahr einstellen. Ich ging hin und blieb. An dieser Schule habe ich bis zu meiner Pensionierung unterrichtet.

Am Ende dieser Sendung bat mich der Toningenieur, mal eben in den Tagesraum des Haupthauses zu gehen. Die Bewohner wollten mich dort gerne kennen lernen. Gesagt, getan. Die Leiterin und die Senioren spendeten Beifall, als ich in den Raum kam. Man wies mir einen freien Platz neben einer älteren, freundlichen Frau zu. Wir kamen ins Gespräch. Plötzlich legte die Hausbewohnerin ihre Hand auf meinen Unterarm. Ich zuckte zusammen. „Entschuldigung", begann sie mit leiser, zittriger Stimme, „ich höre Ihre Sendung immer gerne. Aber wissen Sie, ich bin blind. Sie haben eine zu Herzen gehende Stimme. Einmal wollte ich Sie auch anfassen dürfen, um Ihre Nähe zu spüren."
Ich war gerührt. Mein Lächeln konnte sie leider nicht sehen. Schade.

Bild 43 Die Rückfront der katholischen Volksschule an der Von-der-Mark-Straße aus Richtung Kirchstraße. Nach ihrem Abriss wurde sie ab 1967 durch die Hollenbergschule ersetzt.

Ein Wedauer Lehrer aus Meiderich

Von Friedel Lubitz

Im Hause Letjensstraße 1 in Duisburg-Meiderich wurde mein Vater 1916 geboren. Er wohnte dort mit seinen Eltern und Geschwistern bis zum Jahr 1935. Dann zog die Familie nach Wedau. Sein Vater bekam dort eine besser bezahlte Arbeitsstelle bei der Reichsbahn. Mein Vater ging zum Studium an die PH Dortmund von 1935- 1937, um dort Grundschulpädagogik zu studieren.
1937 – 1938 unterrichtete er an der Grundschule in Duisburg-Bissingheim und 1939 bis zum Kriegseinsatz im Dezember 1939 in Wedau. Er heiratete meine Mutter Ende Dezember 1939. Am 4. Januar 1940 wurde er eingezogen. Ich erblickte das Licht der Welt im Juni 1943, und mein Vater verunglückte im November 1944 in Schwammenaul in der Eifel. Alle diese Informationen las ich in Briefen, die mein Vater an meine Mutter geschrieben hatte.

Zu meiner Diamantenen Konfirmation, nach 60 Jahren, erlebte ich Folgendes:
Der Gottesdienst war zu Ende gegangen, und als die Jubilare aus der Kirche zogen, zupfte mir eine Besucherin am Ärmel. Sie saß im Rollstuhl, und sie sprach mich an:
„Sie sind doch Herr Lubitz?"
„Ja."
„Und Sie waren von Beruf Lehrer?"
„Ja."

Bild 44 Der Eingangsbereich des Geburtshauses meines Vaters in der Letjensstraße

„Und Sie unterrichteten in Bissingheim?"
„Nein."
Da fiel es mir wie Schuppen von den Augen. Ich antwortete:
„Das war mein Vater. Der war dort früher Lehrer."
„Der war ein guter Mensch", gab sie mir mit auf den Weg.
Ich setzte meinen Gang fort. Nur mit Mühe konnte ich meine Gefühle unterdrücken, und ich biss mir auf die Unterlippe. Als ich im Gang des Gemeindehauses angekommen war, übermannten mich meine Gefühle, ich stellte mich in eine Ecke, schluckte tief und weinte.
Später erfuhr ich den Namen dieser Frau und ihr Alter. Frau Böse war 91 Jahre alt. Ich rechnete nach: Geburtsjahr 1926, mein Vater war Lehrer in Bissingheim

1937 – 38, im Alter von 11 – 12 Jahren hatte sie meinen Vater bewusst kennen gelernt, während ich meinen Vater nie bewusst gesehen oder gehört hatte. Diese Begegnung hatte meine Gefühlswelt total durchgerüttelt.

Ein paar Tage später durchblätterte ich meine Fotoalben und Kurzberichte mit Wedauer Ereignissen. Da stieß ich auf eine Notiz, die ich anlässlich des 75jährigen Bestehens im Jahre 1993 geschrieben hatte.

Viele Menschen standen auf dem Wedauer Marktplatz. Sie hörten die Reden der Kommunalpolitiker und lauschten den Klängen der Musikkapelle und des Kirchenchores. Im Gedränge kam ich mit einer ehemaligen Nachbarin ins Gespräch. Sie erzählte mir, dass sie früher in Bissingheim gewohnt habe. Sie hatte dort die Grundschule besucht. An einem Tag sei sie einmal im Unterricht sehr traurig gewesen, habe geweint. Mein Vater habe sie als 7-Jährige auf den Arm genommen und sie getröstet. Und fröhlich konnte sie wieder den Unterricht verfolgen. Ihr Urteil zu diesem Vorfall: Dein Vater war ja sooo lieb.

Ein Meidericher Lehrer aus Wedau

Von Friedel Lubitz

In dem Haus Zur Wolfskuhl 51 in Wedau lebte ich nach meiner Geburt. Nach mehreren Umzügen bis zum Jahr 1969 verließ ich Wedau, studierte von Oktober 1969 bis März 1973 an der PH Duisburg und zog mit meiner Frau 1974 nach Meiderich. Mit meinen Schwiegereltern zogen wir dann 1979 in die Nähe des Meidericher Stadtparks, wo ich bis heute wohne.

Mein Referendarjahr absolvierte ich von 1973-74 an der Hollenberg-Hauptschule, und von August 1974 bis zum Jahr 2004 unterrichtete ich an der Bronkhorstschule.

Nach meiner Pensionierung habe ich seitdem viele ehemalige Schüler getroffen. Eine Schülerin arbeitet bei der Sparkasse. Mit einem meiner Mitautoren hatte ich einige geschäftliche Dinge zu besprechen. Wir kamen mit der Mitarbeiterin ins Gespräch und mein Begleiter stellte ganz unverhofft die Frage: „Na, wie war denn Herr Lubitz als Lehrer?" Ihre Antwort kam prompt: „Streng, aber gerecht." Ich war erstaunt und erwiderte: „Andere Schüler haben mir bestätigt, ich sei viel zu lieb gewesen." Mit einem Lächeln beendeten wir unseren Smalltalk und wandten uns wieder den geschäftlichen Dingen zu.

Diese Erfahrung wollte ich aber nicht so ohne weiteres so hinnehmen. Ich traf einige Tage später einen Schüler aus meiner ersten Klasse. Ich stellte ihm die gleiche Frage. Ich hörte die Antwort: Sie waren sehr streng, aber konsequent und haben immer versucht, uns eine Gelegenheit zu geben, uns zu bessern. Durch Vorfälle im Schullandheim haben Sie sogar uns verboten, mit Ihnen wegzufahren.

Ich habe über diese Aussagen nachgedacht, warum ich ein solches Verhalten gezeigt hatte. Ich musste mir erst einmal in den ersten Jahren als Hauptschullehrer ein Image verschaffen, um respektiert zu werden. In den nachfolgenden Jahren konnte ich die Zügel locker lassen und wurde auch freundlich, aber immer mit gegenseitigem Respekt.

Und dieses Verhalten habe ich bis zu meiner Pensionierung durchgezogen.

Nach dem Singen wurde gelacht

Von Friedel Lubitz

Jeden Donnerstag wurde im Obermeidericher Kirchenchor viel und intensiv geprobt. Lieder wurden für den sonntäglichen Gottesdienst einstudiert, der einmal im Monat stattfand. Wenn ein Konzert zu den hohen Feiertagen, Ostern, Pfingsten und Weihnachten angesetzt war, dann waren die Proben besonders anstrengend und dauerten auch manchmal länger. Die Gemeinschaft im Chor war so eng, dass uns das alles nichts ausmachte. Denn nach jeder Chorprobe stand uns ein Highlight bevor.

*Bild 45 Haus Jülich" an der Bahnhofstraße,
im Hintergrund die Stahl'sche Mühle*

Das Ehepaar Jülich wohnte auf der Bahnhofstraße. Wenn man die Stufen vor der Haustüre hinunterging, kam man direkt auf den gepflasterten Gehweg und zwei Schritte weiter auf den Fahrradweg. Das Haus selbst stand unmittelbar neben der Zufahrt zur Stahl'schen Mühle. Sie kennen sicher noch das kleine Haus mit den Balken im Gemäuer, das aussah wie ein kleines Bauernhäuschen. Wir sagten immer: Wir treffen uns im Knusperhäuschen. Dieses Häuschen hatte zwei Eingänge, einen Eingang zur Straße, einen zum Hof. Wir mussten den Hofeingang benutzen.

Immer wenn die Probe des Kirchenchores Obermeiderich zu Ende war, luden uns Jülichs zu sich nach Hause auf der Bahnhofstraße ein. Jülichs, das waren Trude und Hermann Jülich und ihr Sohn Hans Hermann. ‚Uns', das waren meine Frau und ich sowie ein mit uns befreundetes Ehepaar. Mit einem Umtrunk und mit Knabbereien beendeten wir den Abend. Wir trafen uns zwar nicht nach jeder Chorprobe, sondern je nach Stimmung und Zeit fand ein solcher Tagesabschluss statt. Aus allen Gesprächen und Treffen erwuchs neben dem gemeinsamen Singen eine wunderschöne Freundschaft – trotz des Altersunterschieds. Jülich bewohnten auch eine Ferienwohnung im Sauerland. Dorthin luden Jülichs an Wochenenden oder in den Herbstferien ein.

Doch zurück zur Bahnhofstraße. Wir betraten das kleine Haus immer durch den Hintereingang. Dort gelangten wir zunächst in eine kleine Diele mit einer

Türe zur Gästetoilette in der Mitte, links die Türe zu den vorderen Wohnräumen und rechts öffneten wir die Türe zu einem 8x4m großen Anbau. Vor den Fensterbänken standen alte, gebrauchte Stühle, davor ein großer Ausziehtisch. Gleich hinter der Anbautüre befand sich ein großer Kachelofen, der an kalten Tagen im Winter mit Holzscheiten, Kohlen und Briketts befeuert wurde. Hier feierten Jülichs mit uns vier Chorfreunden, mit Verwandten und ihren eigenen Freunden runde Geburtstage, Jubiläen und andere Feste. Dabei wurden kleine lustige Lesungen und Sketche vorgetragen.

Jedes Treffen war immer ein ganz besonders Ereignis. Es wird immer in unserem Gedächtnis bleiben. Leider verstarb das Ehepaar Jülich und das Haus musste verkauft werden. Und jedes Mal, wenn ich mit der Straßenbahn oder mit dem Auto vorbeifahre, muss ich immer an die schöne Zeit zurückdenken.

Um das Leben gerannt

Von Dieter Lesemann

Seit 1883 arbeitet die Firma Dahmen in Meiderich. Sie hatte zunächst als Schreinerei und Tischlerei begonnen, entwickelte sie sich dann im Laufe der Jahrzehnte beständig zu einem bedeutenden und überregional ausstrahlenden Unternehmen für Raumplanung und Ausstattung von Objekten.

In der Geschichte der Firma Dahmen hatten wohl unter anderem Sonntagsausflüge einen hohen Stellenwert. In einem eigens zu diesem Zwecke umgerüsteten Firmen-LKW ging es mit der Familie, Freunden und Firmenangehörigen regelmäßig auf Landpartien.

Eine Landpartie ganz besonderer Art erlebte einst ein Tischlerlehrling, als er den Auftrag hatte, eine Leiche, die in einem in der Tischlerei Dahmen angefertigten Sarg lag, mittels eines Handkarren zur Trauergesellschaft zu fahren. Plötzlich waren aus dem Sarg Geräusche zu hören, für die ein Mediziner durchaus eine Erklärung gehabt hätte. Nicht aber der Tischlerlehrling, der voll Panik den Handkarren an Ort und Stelle zurückließ und um sein Leben rannte.

*

In einer viel ernsteren Situation ist eine Familie aus dem ehemaligen Jugoslawien um ihr Leben gerannt. Da die Geschichte aber ein gutes Ende nahm, sei sie hier erzählt:

Bild 46 Traurig, traurig: Die Stahl'sche Mühle vor ihrer Renovierung

Im Jahre 1999 kaufte Familie Dahmen die Stahlsche Mühle. Dies geschah in erster Linie auf Betreiben von Ursula Dahmen, die es für eine reizvolle Aufgabe hielt, eine alte Mühle zu restaurieren und als Ausstellungsfläche für das Unternehmen der Familie zu nutzen.

Jetzt galt es einen versierten Maurer zu finden, der dem „Schrotthaufen" (Zitat Peter Dahmen sen.) denkmalgerecht zu neuem Glanz verhelfen könnte. Man wollte dafür einen Maurer einstellen und meldete dies auch bei der Agentur für Arbeit an. Es war nicht einfach, jemand Passenden zu finden.

Plötzlich standen zwei Halbwüchsige von 15 und 16 Jahren im Rahmen des Mühlenzugangs, zwischen sich einen älteren Mann an ihren Händen. „Unser Vater ist Maurer, und Sie suchen doch einen Maurer!" sagte der eine von ihnen zu Ursula Dahmen. Als sie ein Gespräch mit dem Mann beginnen wollte, merkte sie sehr schnell: Der Mann spricht kein Wort Deutsch. Sie schüttelte den Kopf, doch bevor sie etwas sagen konnte, ergriff der jüngere der beiden Jungs das Wort: „Wir bringen unseren Vater jeden Morgen, wenn wir zur Schule gehen, hier vorbei und übersetzen ihm, was seine Aufgabe für den Tag sein wird."

Währenddessen hatte der Vater einen weiteren Schritt in die Mühle getan und streichelte mit seinen Händen die rauen Ziegelmauern. Das nennt man wohl ‚Liebe auf den ersten Blick'. Ursula Dahmen beobachtete dies aus den Augenwinkeln und traf eine Entscheidung: „Nein, nein, das regele ich mit eurem Vater selbst. Morgen früh um 7.30 Uhr ist Arbeitsbeginn!" Glücklich zogen die drei davon.

Wie sich bald herausstellte, war die Familie des Maurers im Verlaufe der kriegerischen 1990er Jahre auf dem Balkan nach Deutschland geflüchtet. Die Mutter drohte erschossen zu werden. Ihre Kinder – unsere beiden Jungs – hätten dies mit ansehen müssen. Kurz entschlossen rannten sie zu ihrer Mutter, griffen sie bei den Händen und - zusammen mit dem Vater – rannten sie um ihr Leben, bis sie auf Umwegen schließlich Deutschland erreichten.

Dass dieser Maurer und die Familie Dahmen zusammenkamen, war eine glückliche, schicksalhafte Fügung, wie sich nach mehr als drei Jahren herausstellte. Heute strahlt die Mühle schöner denn je. Sie strahlt mit der Familie Dahmen und ihrem Maurer um die Wette. Einerseits wegen des Ergebnisses der Restaurationsarbeiten und andererseits über die Tatsache, dass der Maurer für sich und seine Familie in den drei Jahren das Bleiberecht in Deutschland erarbeitet hatte.

Wehmut

Von Hermann Fengels und Friedel Lubitz

„Geht man heute durch Meiderichs Straßen, hört man die Leute nur noch „Ruhrpottdeutsch" reden."

So schrieb Hermann Fengels vor vielen Jahren. Aber voller Wehmut klagt er weiter: „Auch Ostpreußisch und Oberschlesisch, Berlinerisch, Sächsisch, Italienisch, Polnisch, Jugoslawisch, Spanisch, Türkisch, sogar Afrikanisch. Selbst unsere eigenen Kinder sprechen besser Englisch als unser Platt. Nein, das bricht mir das Herz. Fremd klingt alles an mein Ohr, unser Meiderich hat seine Sprache verloren. Kein Mensch spricht mehr Meidericher Platt. Darüber ärgere ich mich schwarz. Es sind mal nur noch wir Alten, die an unserer Muttersprache festhalten. Drum sage ich es hier gerade heraus: Mit uns stirbt Meidericher Platt auch aus."

Tja, wann dieser Text verfasst wurde, ist mir nicht bekannt. Ich kenne heute auch nur noch wenige Meidericher, die Platt lesen, verstehen und übersetzen können.

Bild 47 Sonnenschein. Aus einer Gedichtsammlung auf Meidericher Platt von Richard Weber

Aber die Zeiten ändern sich. Viele neue Mitbürger siedelten sich in Meiderich an. In den 80er Jahren zogen immer mehr Ausländer nach Meiderich. Bereits hier wohnende holten ihre Familien hierhin. Auch die Bronkhorstschule besuchten viele Kinder mit ausländischen Wurzeln. Rektor Millinghaus musste schon mein Talent, mit Fremdsprachen umzugehen, erkannt haben. Ich bekam jedes Mal einen neuen ausländischen Schüler in meine Klasse. So wurden mir ein Thai und ein Koreaner zugeteilt. Beide lernten sehr schnell Deutsch, und sie ließen sich auch leicht integrieren.

Ich habe nur positive Erfahrungen mit ausländischen Menschen gemacht. Meiderich entfaltet sich in einer Vielfalt mit farbigen oder andersgläubigen Bürgern. Und wenn ich heute durch Meiderich gehe und genügend Zeit habe, gehe ich auf diese Menschen zu, spreche sie ganz liebevoll an mit den Worten: „Woher kommen Sie? Welche Nationalität haben Sie? Wohnen Sie gerne in Meiderich? Wenn ja, dann sagen Sie mir bitte in ihrer Landessprache: „Meiderich, ich mag dich."

Seepferdchen Sarah

Von Helmut Willmeroth

Seepferdchen sind Fische, die besonders durch ihr Äußeres auffallen, das nur sehr wenig an Fische erinnert. Sie leben weltweit in tropischen und gemäßigten Meeren, meistens jedenfalls.

Zwischen 1976 und 1986 lebten nämlich mehr als 2000 von ihnen im Obermeidericher Schwimmbad am Zuschlag. Wie kamen sie dorthin? Nun, „schuld" waren Schwimmmeister Julius Bolmes und sein Kollege Michael Nett. Denn „Seepferdchen" ist nicht nur die Bezeichnung eines Fisches, sondern auch die für das erste Schwimmzeugnis, das ein Kind erwerben kann. Dafür muss es vom Beckenrand springen, 25 Meter schwimmen und einen Gegenstand aus schultertiefem Wasser heraufholen.

Am Freitag, dem 12. September 1986 war Sarahs großer Tag: Es war Seepferdchen-Prüfung! Die noch nicht 5-jährige Sarah war aufgeregt. 10 Stunden sind sie in den vergangenen Wochen mit ihrem Schwimmmeister Julius Bolmes und anderen Kindern auf diesen Augenblick sozusagen ‚hingeschwommen'.

Was hatte er sich nicht alles einfallen lassen, bis sie den Aufenthalt im Wasser genießen konnten: Sie sollten sich im Nichtschwimmerbecken gegenseitig nass spritzen, durften sich auf Styroporbrettern und mit Hilfe von Schwimmkorken auch in tieferem Wasser bewegen und mussten sich in den letzten Stunden sogar „veräppeln" lassen. Denn Schwimmmeister Bolmes hatte heimlich die Luft aus den Schwimmflügeln herausgelassen und die Schwimmkorken mit Wasser gefüllt. Die nichts ahnenden Kinder hatten trotzdem das Gefühl, sicher zu sein und … konnten schwimmen.

Das klappt natürlich nur, wenn man großes Vertrauen zu seinem Schwimmlehrer hat. Dieses Vertrauen herzustellen, war die große Begabung des Julius Bolmes, der ursprünglich Sportlehrer hatte werden wollen. Mit seinem großen Engagement gelang es dem Schwimmmeister, für den der Umgang mit Kindern so etwas wie eine Leidenschaft war, tausenden Kindern das Schwimmen beizubringen bzw. sie zu den unterschiedlichen Schwimmabzeichen zu führen.

Das tat auch dem städtischen Schwimmbad gut. Der qualitativ gute und erfolgreiche Schwimmunterricht sprach sich schnell herum und steigerte das Ansehen des Hallenbades. Zudem wurden im Zuge der vielen Kinder, die das Schwimmen dort erlernt hatten, zahlreiche weitere Personen ins Bad gelockt. „Pro Schwimmschüler kommen etwa 50 Badegäste hinzu", hatte Julius Bolmes in seiner Jahresstatistik einmal errechnet.

Die wachsende Besucherzahl machte natürlich auch weitere Angebote wie Wassergymnastik, Wasseraerobic, Spielnachmittage für Kinder und vieles mehr möglich. Für die Kindernachmittage hatte Julius Bolmes einmal 40 Gummischläuche von LKW-Reifen gesammelt, gereinigt und geflickt, um sie den Kindern im Schwimmbad zur Verfügung stellen zu können.

Dass auch eine 70jährige Dame bei Schwimmmeister Bolmes das Schwimmen erlernte, sei hier nicht nur am (Becken-) Rande erwähnt.

Nun aber zurück zu Sarah! Sie schaffte natürlich ihr Seepferdchen an diesem 12. September 1986 und konnte ihren Schwimmausweis 10 Tage später bei ihrer Geburtstagsfeier stolz im Familienkreis herumzeigen.

Bild 48 Geschafft! Helmut Willmeroths Tochter Sarah hat von Schwimmmeister Julius Bolmes ihren Seepferdchen-Ausweis erhalten.

Die Seele baumeln lassen

Von Friedel Lubitz

Als ich noch voll im Berufsleben stand, nahm ich mir die Zeit, den Stress, den ich ab und zu in der Schule hatte, abzubauen. Ich war zwar kein großartiger Sportler, aber ich suchte mir Wege aus, die zum Walken geeignet waren und die nicht zu lang an Metern und Zeit waren. Dafür fand ich eine gute Lösung: Wege rund um die Schrebergärten in Meiderich.

1.   Die Gärten am Ende der Lösorter Straße
2.   Die in der Nähe des Ingenhammshofes
3.   Der Kleingartenverein ´Liebe die Scholle` an der Schlickstraße
4.   Die Gärten mit Eingang Dennewitzstraße
5.   Die in der Nähe des MSV Platzes

Bei meinen Umrundungen konnte ich nur selten in die Anlagen hineinschauen. Durch Hecke, Sträucher und hohe Zäune war mir oft die Sicht genommen. Nur die offene Einfahrt mit dem großen Gartentor an der Schlickstraße ermöglichte

mir, die Parzellen mit den Gartenhäuschen zu sehen. Ich hatte mich schon oft gefragt, warum legen sich die Bewohner Meiderichs so eine Anlage zu. Ich selbst hatte ja um unser Haus einen 600 m² großen Garten. Für mich bedeutete Gartenpflege nur Arbeit: Rasen mähen, Blumen pflanzen, Sträucher schneiden und alles gießen. Wenn ich mich mal im Garten entspannen konnte, dann kreisten meine Gedanken schon um die nächste Tätigkeit.

Deshalb interessierten mich die Gründe, warum Menschen neben ihren beruflichen Tätigkeiten noch Gärten bewirtschafteten. Ich fragte Nachbarn, Freunde und meine Schüler. Aber nur, wenn sich die Gelegenheit anbot. Bei meinen Schülern sollte es nicht so aussehen, als wollte ich eingeladen werden.

Bild 49 Treffen im Schrebergarten Ende der 1950er Jahre

Ich erfuhr im Laufe der Zeit folgende Beweggründe: Hier kann man sein eigenes Gemüse anbauen, seine Obststräucher setzten und seine Erdbeeren ernten. Man sieht dabei zu, wie alles wächst und gedeiht. Hier pflanzt man seine

Blumen, die gefallen, die man zuhause aufstellen oder zu Geburtstagen verschenken kann. All das vermittelt das Gefühl der Freude.

Das Herz eines Gartens aber bildet das selbst gezimmerte Gartenhäuschen mit der vorgebauten Pergola oder Terrasse. Hier kann man sich ausruhen oder entspannen, nachdem man umgegraben, gesät oder geerntet hat. Den Garten ordentlich oder sauber zu halten, ist keine Arbeit. Wenn man dann dort alleine ist oder sich mit seiner Familie oder mit Freunden hier versammelt, schöpft man neue Lebenskraft. Mit den Gartennachbarn tauscht man Erlebnisse, Ergebnisse und Erfahrungen aus. Dann breitet sich das Gefühl aus, als lebte man in einem Paradiesgärtchen, und hier kann und darf man dann die Seele baumeln lassen.

Sommerzeit – Winterzeit

Von Hermann Fengels

Also nein, was ist das bloß für ein Elend bei uns. Jedes Jahr das gleiche Theater. Immer im Frühjahr und im Herbst muss man die Uhr umstellen. Früher, als ich noch ein junger Kerl war, da hat mir das ja nichts ausgemacht, wenn die Uhr vorgestellt wurde. Da war mir das egal, ob ich um fünf oder um sechs Uhr aufstehen musste. Doch jetzt im Alter, da kommt es mir doch ein wenig hart an. Ich stehe ja sonst immer so gegen halb sieben, sieben Uhr auf, hole die Zeitung rein und mache den Kaffee fertig.

Aber wenn die Uhren vorgestellt sind, dann komme ich nicht vor halb acht, acht Uhr aus den Federn, und dann ist der Morgen auch schon wieder halb rum. Ich weiß nicht, was die Leute, die das angeordnet haben, sich dabei gedacht haben. Das ist doch Volksverdummung!

Da wird immer groß vom Energiesparen geredet, und was ist das Ende vom Lied? Braucht man mal ein paar Kilowatt weniger, dann klagen sie, sie hätten nicht genügend Umsatz und müssten die Strompreise erhöhen. Dann müssen wir zu guter Letzt für weniger Strom noch mehr bezahlen als vorher. Die Hauptsache ist doch, dass die Manager sich die Taschen voll stopfen können.

Aber nun bin ich ganz vom Thema abgekommen. Ich wollte Euch doch erzählen, wie es mir mit der Uhrumstellerei ergangen ist. Also, dass ich im Frühjahr, wenn man die Uhr umstellen musste, immer so Schwierigkeiten hatte, das wisst ihr ja schon, aber noch größere Schwierigkeiten hatte ich im Herbst, wenn die Uhr zurückgestellt wurde. Das hört sich vielleicht komisch an, weil man doch morgens eine Stunde länger schlafen kann und über Tag nicht immer so müde ist. Es ist aber so.

Einmal wäre ich dafür sogar bald ins Gefängnis gekommen, und das kam so: Erstmal habe ich alle Taschen- und Armbanduhren zurückgestellt, dann bin ich in die Küche gegangen und habe die Küchenuhr zurückgedreht. Danach habe ich in der guten Stube die große Wanduhr zurückgestellt und habe dann im Schlafzimmer noch den Wecker zurückgedreht. Und wie ich nun gerade so schön dabei war, da bin ich noch in den Keller gegangen und habe versucht, die Gasuhr und die Wasseruhr zurückzustellen. Dabei hat man mich dann aber erwischt, und ich kann euch sagen, das ist mich teuer zu stehen gekommen, das hat mich viel Geld gekostet. Darum bin ich auch so gegen die Uhrumstellerei und ich sage Euch nur das Eine: „Sommerzeit – Winterzeit: Alles Mist!"

Mein Ratschlag an Hermann Fengels: „Irren ist menschlich!"

Und an euch, liebe Zuhörer und Leser: „Seid menschlich zu den Irrenden!"

(Vortrag und Kommentar: Friedel Lubitz)

Meidericher Stolz

Mein Meiderich

Gedicht und Brief von Wilhelm Konieczny
Vorgetragen und kommentiert von Friedel Lubitz

Es gibt ein Städtchen namens Meiderich, umrahmt von Rhein und Ruhr. Wo sich der Wellenschlag der Emscher bricht, dort will, dort muss ich sein. Seh' ich die alten Kühltürme vor mir, denk ich: „Meiderich ist doch schön". Mein „Zuhause" ist das „Rhein-Ruhr-Revier", von hier wird' ich niemals geh'n. Stahlwerke, heute stillgelegt, kochten hier den Stahl, sie brachten Arbeit dieser Stadt. Was gestern war, geht heute schnell zu Tal und immer, immer mehr bergab. Bedeutend war auch damals der Kanal, gab Leben unserem Meiderich. War Zelt- und Freizeitplatz so manches Mal und das nicht nur für mich. Schwimmen lernten wir als Kind hier, die Aufsicht übernahm der Karl. Wenn von der Brücke sprangen wir, schimpfte Karl: „Mach datt nich nommal!" Zum Dank dafür kein Geld, nur eine Kiste Bier bekam der „Aufsicht-Karl". Oft rief er „He, gib mich ma her datt Bier, dann geh ich am Kanal"! Selten hör ich noch das „Meierksche Platt. Schade, die jungen Leute sprechen's nicht, „Neudeutsch", ja, das höre ich am Tage und bei Nacht und das bedaure ich! Einen Hauch von Romantik gab's damals auch, wir fühlten uns hier wohl. Heut gibt es weder Dampf noch Rauch. Alles ist leer und hohl. Es wachsen Häuser aus der Erd, wo Wiesen und Kornfelder war'n. Der Druck der Zeit verändert mehr, mehr als uns gut sein kann. Das alles ist schon Vergangenheit, wir müssen vorwärts geh'n. Vor uns liegt eine neue Zeit, ob sie schöner wird, wir werden's sehn! Und komm in Meiderich ich zur Ruh, dann sag ich noch einmal: „ Ich mag die Leut' an Rhein und Ruhr, an Emscher und Kanal! Tief in mir glühende, noch ruhende Gedanken behalte ich für mich. Ich gebe sie nicht raus. Mit einem Vers von Hermann Hesses „Rückgedenken" ende ich und blende heimlich hier aus....

Dieses Gedicht schrieb der unten zitierte Autor im Jahr 2003, und ich ergänze es durch dessen folgenden Brief:
Obwohl er erst im Jahr 1953 sein Meiderich kennen lernte und dann 1957 hier ansässig wurde, glaubte er, dass er heute (nach 50 Jahren) sagen konnte, er sei ein Meidericher. Zumal er damals sofort zum Obermeidericher befördert wurde.
Wörtlich heißt es in seinem Brief: „Ob unser altes Meiderich seit 1953 bis heute schöner geworden ist, sei dahingestellt, - das ist eine Frage des Geschmackes. Eines jedenfalls stimmt: Meiderich ist schön. Meiderich hat sich zu

seinem Vorteil verändert. 1953 kam ich als 18-jähriger, junger Zimmerer nach Duisburg. Half mit, mein Meiderich aufzubauen. 1957 heiratete ich, gründete eine Familie, hatte Arbeit, verdiente viel Geld und bildete mich auch beruflich weiter. Meine Familie konnte ich gut ernähren. Über das damalige Wohnungsamt Duisburg erhielt ich schon nach drei Jahren Ehe eine Wohnung in der Hofstraße."

Hier wohnt Wilhelm Konieczny noch heute. Mittlerweile ist er Ehemann, Vater, und sechsmal Opa. (...) Hier in Meiderich lebte und lebt er. Von hier aus knüpfte er private Bande, wer weiß wohin. Er hat allen Grund zu sagen:
„Ja, ich bin stolz darauf, ein Meidericher zu sein und ich bin stolz auf „mein Meiderich!"

Zweieinhalb Meidericher in New York

Von Helmut Willmeroth

„♫ Ich war noch ♫ niemals in New York ♫ …" so beginnt ein Lied von Udo Jürgens, mit dem er dem Fernweh Text und Stimme gegeben hat. Dieses Fernweh erfüllte einst auch uns, die Meidericher Urgesteine Helmut und Manfred sowie ihren Lauffreund Peter, der allerdings nördlich der Emscher lebt.
Der Einfachheit halber erklärten wir Peter zum ‚halben Meidericher', damit irgendwann einmal eine Geschichte geschrieben werden könnte, die „Zweieinhalb Meidericher in New York" zum Titel haben würde.

Welcher Dauerläufer hat nicht schon davon geträumt, einmal einen Marathon in New York laufen zu können? Zusammen mit der Weltelite und weiteren nahezu 40.000 Läuferinnen und Läufern in die Häuserschluchten der Weltmetropole einzutauchen, die Begeisterungsstürme auf der 1st Avenue über sich zusammenschwappen zu lassen, die Herausforderung der 42.195 Meter anzunehmen und dem Zieleinlauf im Central Park entgegenzufiebern, war natürlich auch unsere Sehnsucht, die der zweieinhalb Meidericher.
Am 06. November 2004 – einen Tag vor dem Marathon – gab es in eben jenem Central Park noch den Freundschaftslauf, eine lockere letzte Trainingseinheit, bei der die Begegnung der Nationen im Mittelpunkt steht.
Am nächsten Morgen war es dann endlich so weit. Ein Bus brachte uns vom Hotel zum Start in Staten Island, wo wir mit Tee und Kaffee, von Ärzten und Masseuren und mit viel Herzenswärme versorgt wurden.
Nach dem letzten Toilettengang und noch einigen Dehnübungen legten wir die überschüssige Aufwärmkleidung auf der großen Wiese eines Militärgeländes ab und zauberten ein buntes Bild auf die Rasenfläche. Später würden New Yorker kommen und sich aussuchen, was sie gebrauchen könnten. Das war auch genau so geplant.
Dann der Startschuss, der uns bei Sonnenschein und nicht zu heißen 20 Grad auf die durchaus nicht einfache Strecke durch die New Yorker Stadtteile zum Central Park führte, wo wir von hunderttausenden begeisterten Menschen mit Rufen wie „You are the winner" empfangen wurden. Wir waren glücklich, es geschafft zu haben und vor allem: es hier in New York geschafft zu haben.
Da die Laufzeit, die wir für den Marathon brauchen würden, zweitrangig war, hatten wir genug Gelegenheit, um auch stehen zu bleiben und Fotos für uns selbst und die Lieben daheim zu machen.
Apropos die Lieben daheim: Bald geschah, was dem Meidericher nun einmal geschieht. Das Fernweh wich, das Heimweh kam. Wo war bloß der Meidericher Kirchturm? Knapp sieben Flugstunden entfernt! Peter staunte. Als einer,

der nördlich der Emscher lebte, fehlte es ihm gänzlich an Meidericher Boden-
ständigkeit. Uns Meiderichern wurde klar: Er ist eben nur ein halber Meidericher.

Als wir nach der Landung in Düsseldorf mit dem Auto nach Hause fuhren, sang
Udo Jürgens im Radio. Er hatte – extra für uns – den Text angepasst: „♫ Sie
war'n schon ♫ einmal in New York ♫ …"

*Bild 50 Helmut Willmeroth im Ziel des New York Marathons. Im Bild unten links:
Manfred aus der Fünten (r.) und der „halbe Meidericher" Peter Verfürth (l.)*

IV In der Weihnachtszeit

Nur ein Gummiknochen für Bello

Von Werner Maistrak

Guten Tag liebe Leute! Geht es euch auch so wie vielen anderen Menschen, wenn die Tage kürzer und kälter werden? Die Menschen nennen es Vorweihnachtszeit und geraten in eine ungewöhnliche Hektik. Ihr nicht? Ich auch nicht, denn ich bin ja auch nur ein Hund und wohne bei der Familie Braun. Ach ja, einen Namen habe ich auch! Bello heiße ich, denn so haben mich die Brauns genannt, als ich vor etwa zwei Jahren zu ihnen kam. Und mir gefällt es bei ihnen.

Bild 51 Bello – wie immer: zufrieden

Jetzt muss ich ihnen aber erstmal die Familie Braun vorstellen. Da ist zuerst Vater Braun, der beinahe jeden Tag zur Arbeit geht. Dann ist da Mama Braun, die immer so leckeres Essen kocht und mich oft streichelt. Dann sind da die Kinder Peter und die kleine Tina, die ich am liebsten mag, weil sie immer mit mir kuschelt. Aber alle haben mich ganz toll lieb.
Ich schlafe in einem Hundekorb mit einer warmen Decke, und hin und wieder darf ich auch mal zu Tina unter die Bettdecke. Aber nur, wenn Mama Braun es nicht sieht.

Mit Peter gehe ich oft nach draußen in den Stadtpark, und dann darf ich herumtoben. Und wenn ich mal „muss", schimpfen die anderen Leute und nennen mich „Köter" oder „Scheißtöhle", obschon Peter immer alles wieder sauber macht. Auch mit Tina gehe ich gerne raus, weil sie dann immer wieder kleine Stöckchen wirft, die ich dann zurückhole.

Wenn die Kinder aber zur Schule müssen, gehen Papa oder Mama Braun auch mit mir raus. „Gassi" gehen nennen sie das, und ich muss immer brav an der Leine bleiben, weil sie so viele andere Menschen treffen und sich dann so lange unterhalten.

Aber jetzt komme ich wieder auf den Anfang meiner Geschichte zurück, und das ist die „Vorweihnachtszeit", so nennen es die Menschen. Da ist irgendwann mal ein ganz berühmtes Kind geboren, das wird jetzt jedes Jahr gefeiert, und dazu gibt es tolle Geschenke. Ob ich wohl auch ein Geschenk bekomme? Fressen ist mir das Liebste.

Aber Weihnachten ist noch weit, denn die ganze Familie Braun fährt noch einige Tage in Urlaub, und ich darf mit, denn ich fahre gerne mit dem Auto. Ich sitze dann auf dem Rücksitz zwischen Peter und Tina, und wenn wir angekommen sind, darf ich mich erstmal richtig austoben.

Wir sind auf einem Bauernhof mit vielen anderen Tieren und viel Platz für mich und Hasso, dem Hund, der hier zu Hause ist und den ich immer etwas beneide, weil er den ganzen Tag frei herum laufen darf. Am liebsten spielen wir ‚Gänse und Hühner jagen', aber nur, wenn es niemand sieht, sonst gibt es Ärger.

Die schönsten Ferien gehen aber schnell vorbei, und wir fahren wieder nach Hause. Vorbei ist auch das Herumtoben und bald heißt es wieder „Gassi gehen." Papa Braun geht wieder zur Arbeit, Mama Braun hat immer viel zu tun und Tina und Peter müssen wieder in die Schule.

Die Tage werden jetzt immer kürzer und kälter, und ich merke bald, dass etwas Besonderes bevorsteht. Die Kinder tuscheln jetzt oft miteinander und immer wieder höre ich die Wörter ‚Geschenke kaufen' oder ‚basteln'. Auch Mama Braun ist jetzt öfter in der Stadt. Wenn sie zurückkommt, hat sie Pakete unter dem Arm, die sie dann immer schnell im Schrank versteckt. Ich möchte doch so gerne wissen, was drin ist, vielleicht ist auch etwas für mich dabei. Aber ich erfahre ja nichts – wie gemein!.

Eines Tages schneit es morgens, als ich mit Peter in den Stadtpark gehe. Alles ist weiß, und ich tobe durch den frischen Schnee. Peter wirft mit Schneebällen nach mir, aber immer, wenn ich sie fangen will, zerplatzen sie. Aber bald bekomme ich kalte Pfoten und Ohren, und ich freue mich auf meinen warmen Schlafplatz. Im Schnee herumzutoben, macht müde.

Eines Tages kommt Papa Braun mit einem großen grünen Kranz, der von Mama Braun und den Kindern geschmückt und aufgehängt wird. Oben drauf kommen vier rote Kerzen, von denen jeden Sonntag eine weitere angesteckt wird. Es gibt dann immer etwas Leckeres zu essen.

Alles freut sich auf Weihnachten. Und immer wieder bringen Papa und Mama Braun neue Sachen mit, die dann gleich wieder versteckt werden. Auch Tina und Peter schließen sich immer wieder in ihre Zimmer ein. Ich erfahre aber nichts. Und ich wüsste doch so gerne, ob die Brauns auch zu Weihnachten an mich denken.

Eines Tages kommt Papa Braun dann etwas früher nach Hause. Gleich nach dem Essen sagt er: „Wir fahren jetzt zum Weihnachtsmarkt und suchen uns einen schönen Tannenbaum aus". Ich darf auch mitfahren. So viele Tannenbäume habe ich noch nie gesehen. Ich darf sie alle beschnüffeln, nur ein „Beinchen" darf ich nicht heben. Der Baum, den sich die Brauns ausgesucht haben, wird in ein Netz verpackt und dann auf dem Autodach mit vielen Schnüren richtig fest gebunden. Zuhause wird er dann erstmal auf dem Balkon abgestellt.

Dann ist es soweit: „Heute ist Heiligabend!" rufen die Kinder, und alles ist aufgeregt, denn es ist noch soviel zu erledigen. Papa Braun muss noch einige Besorgungen machen, Mama Braun ist stets in der Küche, aus der es ganz besonders lecker duftet, und in die ich nicht hinein darf. Auch Peter und Tina haben keine Zeit für mich. Nach dem Mittagessen sagte dann Papa Braun: „ Ich setze jetzt den Baum in den Haltefuß, und dann könnt ihr mit dem Schmücken beginnen". Mama Braun hat schon einen alten Koffer aus dem Keller geholt, in dem viele kleine Kartons sind, die jetzt alle aufgemacht werden. Heraus kommen bunte Kugeln, funkelnde Sterne, Girlanden und anderer Christbaumschmuck. Tina und Peter packen alles aus, und Papa Braun umwickelt den Baum mit einer Lichterkette. Dann helfen alle mit, den Baum mit den schönen Sachen zu schmücken, und jeder will es anders haben. Nur ich darf nicht mitmachen, denn beim Spielen ist mir doch eine der bunten Kugeln kaputt gegangen. Alle haben mit mir geschimpft und mich auf den Balkon geschickt. BOOOH ist das kalt!

Als dann aber alles fertig ist, darf ich wieder herein kommen. Dann sehe ich den tollen Weihnachtsbaum. Es wird wieder vom „Verschenken" gesprochen, und ich weiß immer noch nicht, was ich denn bekommen soll. Ich bin jetzt auch ganz aufgeregt. Dann kommt Peter auch noch mit dem Halsband und der Leine, um mit mir „Gassi zu gehen" Große Lust habe ich heute natürlich nicht. Es regnet und ist kalt und auch Peter hat keine Lust, mit mir weiter zu laufen. Einmal um den Block, zweimal am Baum das Beinchen gehoben und dann geht es wieder in die warme Wohnung.

Mama Braun sagt dann: „Wir gehen jetzt gemeinsam in die Kirche", nur ich darf nicht mit. Ich will auch gar nicht, denn ich weiß: Heute tut sich noch was, und das darf ich mir nicht entgehen lassen.

Nach einer für mich langen Stunde kommt die Familie zurück. Mama Braun und Tina haben schon vorher den Esstisch gedeckt und nach dem Essen - ich bekomme sogar eine Extrascheibe Wurst - wird dann schnell alles abgeräumt. Nur Papa Braun ist auf einmal verschwunden, bis dann aus dem Wohnzimmer eine Glocke ertönt und aus dem Radio ein Kinderchor zu hören ist.

Der Baum ist hell erleuchtet, die vielen Päckchen liegen darunter, aber erst nach einem gemeinsamen Lied - sogar ich versuche mitzusingen, bis Tina mir die Schnauze zuhält - geht es ans Auspacken der vielen Geschenke. Mir macht es viel Spaß, mich in dem vielen weichen Papier zu wälzen und auf mein Geschenk zu warten. Auf einmal sagt Mama Braun: „Hier ist auch ein Geschenk für Bello". Ich bin ja so aufgeregt, bis es endlich ausgepackt ist. Und was kommt heraus? Ein dicker Gummi-Hundeknochen! BOOOH! Ich habe doch so auf einen echten Knochen mit viel Fleisch daran gehofft, und jetzt ist es wieder nur ein Gummiknochen. Alle sehen mich an und erwarten, dass ich mich freue. Na, den Gefallen tue ich ihnen dann auch. Mit „Schwänzchen wedeln" lege ich mich in meinen Hundekorb, nehme den fiesen „Gummiknochen", kaue darauf herum, und alle sagen: „Schaut, wie Bello sich freut"!

Vor dem Schlafen gehe ich mit Papa Braun noch einmal „Gassi" rund um den Block. Danach gehen alle ins Bett. Nur Mama Braun werkelt noch etwas in der Küche herum. Und dann bekomme ich plötzlich einen Duft in die Nase, wie ich ihn noch nie gerochen habe. Ich hätte doch zu gerne gewusst, woher dieser Duft kommt. Mama Braun löscht dann auch bald das Licht und geht schlafen. Ich warte bis es wirklich ganz still wird. Ganz langsam schleiche ich aus meinen Korb und dann zur Küche. Zum Glück ist die Tür nur angelehnt, und ich kann sie vorsichtig aufdrücken. Woher kommt jetzt aber dieser tolle Duft, der meine Nase immer mehr kitzelt? Ich suche auf dem Tisch, auf dem Herd und komme dann in die Nähe der Backofentür. Und ich habe Glück: Die Klappe ist nur angelehnt. Ganz vorsichtig ziehe ich sie auf und dann bleibt mir beinahe der Atem stehen und aus meinem Maul tropft das Wasser nur so heraus. Auf dem Backofenblech liegt eine große Gans.

Sollte das etwa mein wahres Weihnachtsgeschenk sein? Ach egal, Mama Braun hat sicher nichts dagegen, wenn ich jetzt schon mal ein Stück probiere. Leise, damit niemand wach wird, ziehe ich ganz langsam das Blech heraus, das dann aber mit Lärm auf dem Boden landet. Mir bleibt beinahe das Herz stehen – aber nichts rührt sich im Haus, niemand hat etwas bemerkt. Und dann beiße ich in den leckeren Gänsebraten: BOOOH! Lecker! Stück für Stück schlinge ich mit großem Appetit hinunter. Sicher habe ich noch nie so viel Gänsebraten gefressen. Langsam wird mir etwas schlecht. Ich mache eine kleine Pause. Dann probiere ich noch einige Stücke, bis wirklich nichts mehr in meinen Bauch passt. Ich muss sogar etwas ausspucken, denn mir wird wieder übel. „Morgen fresse ich weiter", sage ich zu mir, schleiche mich leise wieder in mein Schlafkörbchen, mache die Augen zu und träume dann die ganze Nacht nur von Gänsebraten und wie schön doch Weihnachten ist.

Aber dann werde ich plötzlich durch einen lauten Schrei aus meinem schönen Traum gerissen: „BELLO!" schreit Mama Braun, und dann kommt auch Papa Braun die Treppe herunter und schimpft: „Bello! Was hast du nur gemacht? Unser ganzer Weihnachtsbraten ist dahin! Raus hier und lass dich bloß nicht mehr sehen!" Papa Braun packt mich im Nacken und mit Schwung lande ich auf dem kalten Balkon. Bald drei Stunden friere ich schrecklich und weiß immer noch nicht, was ich denn falsch gemacht habe. Ich denke doch immer noch, das sei mein wahres Weihnachtsgeschenk gewesen. War es aber wohl leider nicht!

Dann kommt Peter mit dem Halsband und der Leine, und ich muss mit ihm „Gassi" gehen. Hierbei spucke ich dann alle Reste vom Gänsebraten wieder aus, so übel ist mir plötzlich wieder. Die ganze Zeit schimpft Peter mit mir und meint, ich hätte ihnen das ganze Weihnachtsfest verdorben.

Mama Braun hat aber doch noch einen anderen Braten in Reserve. Nach dem Essen sind dann alle wieder zufrieden und lachen über meinen „Streich", wie sie es jetzt plötzlich wieder nennen können.

Ich habe von Gänsebraten und Weihnachten die Schnauze voll, lege mich in meinen Schlafkorb, kaue langsam auf meinem Gummiknochen herum und denke über die Menschen und ihre Besonderheiten in der Weihnachtszeit nach.

Frohe Weihnachten! Bis zum nächsten Jahr! Dann schlafe ich langsam wieder ein.

Kriegsweihnacht 1943

Von Hermann Fengels

Weihnachten 1943. Ich war gerade mal 13 Jahre alt. Und wir lebten mitten im Krieg wie im tiefsten Frieden. Wir waren nämlich nach dem schweren Bombenangriff vom 13. Mai mit Großeltern und einigen anderen Familienmitgliedern in ein kleines Dorf im Schwarzwald evakuiert worden. Eigentlich hätten wir ja nach Sachsen-Anhalt oder gar nach Ostpreußen gemusst, da wir aber im Schwarzwald Verwandte hatten, die uns aufnehmen konnten, durften wir dorthin.

Meine Mutter und ich wohnten auf einem Bauernhof, der ebenfalls Verwandten von uns gehörte, in einer kleinen Zweizimmerwohnung. Am „Heiligen Abend" saß nun die gesamte Großfamilie in der festlich geschmückten Bauernstube und wartete auf die Bescherung. Ich weiß nicht, ob es heute auch noch so ist, aber damals war es in dieser Gegend so üblich, dass ein 16-17-jähriges Mädchen aus dem Dorf im weißen Gewand mit einem Krönchen auf dem Kopf als Christkind und in Begleitung von zwei gleichaltrigen Mädchen, die als Engel verkleidet waren, von Haus zu Haus zog, in dem es noch Kinder unter zehn Jahren gab, um sie zu bescheren. In unserem Haus war das auch der Fall und diese Kinder bekamen dann ihre Geschenke vom Christkind höchstpersönlich überreicht.

Nun war unser Haus das letzte in der Runde, in der das Christkind einkehren würde. Das hatte ein 15-jähriger Cousin von mir, der in dem Dorf beheimatet war und die Mädchen genau kannte, spitzgekriegt und sich seinerseits eine Überraschung für das Christkind und seine Begleitung ausgedacht. Während der Bescherung schlich er sich, bewaffnet mit einem großen Melkeimer voll Wasser, in die erste Etage, wo er am Flurfenster über der Haustüre darauf wartete, dass er die drei Mädchen das Haus wieder verlassen würden. Dann schüttete er ihnen den ganzen Kübel restlos über ihre Köpfe aus und die Mädel standen pitschnass in der eisigen Kälte vor der Türe und mussten schleunigst nach Hause rennen um ins Trockene zu kommen, sonst wären sie noch zu Eiszapfen erstarrt.

Eigentlich hätte der Bursche ja nun eine gehörige Tracht verdient, aber mit Rücksicht auf die kleinen Kinder, die das gar nicht mitbekommen hatten, wurde erstmal geschwiegen, um ihnen nicht die Weihnachtsfreude zu verderben.

Nun kamen wir Großen an die Reihe. Ich selbst weiß gar nicht mehr, was ich bekommen habe. Es wird aber wohl etwas der Zeit Angemessenes gewesen sein. Besagter Cousin jedoch bekam außer einigen nützlichen Sachen auch eine hübsch verpackte Tafel Schokolade geschenkt, woran ein Zwanzigmark-schein befestigt war. Er riss sofort die Verpackung auf und im Handumdrehen hatte er die Schokolade verputzt, er war nämlich ein großes Schleckermaul. Nun wollte er das Schokoladenpapier in den Ofen werfen, erwischte aber aus Versehen den Geldschein und beförderte ihn im hohen Bogen in das Feuer. Sofort bemerkte er jedoch seinen Irrtum und griff hastig in den glühenden Ofen, um sein Geld den Flammen zu entreißen. Tatsächlich gelang ihm das auch. Der Geldschein war zwar ein wenig angesengt, aber noch brauchbar.

Doch wie sahen seine Hände aus? Er hatte nämlich nicht nur seinen Geld-schein, sondern auch ein glühendes Holzscheit zu fassen gekriegt und seine Finger waren mit Brandblasen übersät. Jetzt war das Gejammer groß. Die Alt-bäuerin aber bemerkte nur ganz lapidar, dies sei wohl die gerechte Strafe dafür gewesen, dass er vorher das Christkind getauft hatte.

(Vorgetragen von Friedel Lubitz)

Bild 52 „Christkind" Sarah Willmeroth beim Aufsagen
des Weihnachtsgedichtes 1987

Weihnachten XXL, Teil 1

Von Helmut Willmeroth

Schon in den 60er Jahren führte die Geschenke-Flut im Rahmen der Konfirmationen unter Jugendlichen und ihren Eltern in der Adventszeit - wegen des nahenden ‚Geschenke-Festes' Weihnachten - zu Diskussionen über das Schenken. Nicht etwa über das Schenken an sich, sondern über die Größe der Geschenke, die man wohl — auch zu Weihnachten - erwarten dürfe. Mit Größe war nicht etwa der Umfang der Gaben, sondern ihr Wert in D-Mark gemeint.

„Soll ich dir mal was sagen, Mama? – Klaus hat dieses Jahr zur Konfirmation Geschenke für über 1.000 Mark bekommen! Bernd durfte sich über einen Stereorekorder für 750 Mark freuen!"

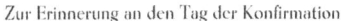

Zur Erinnerung an den Tag der Konfirmation

Bild 53 Konfirmation Helmut Willmeroth 1961

– Günter hätte die Reihe von Erfolgsmeldungen seiner Mitschüler noch fortsetzen können. Es gab genügend Schüler in seiner Klasse, deren Eltern gut verdienten und bei deren Omas und Opas die Brieftasche locker saß.

„Für wie viel Geld darf ich mir denn dann etwas zu Weihnachten wünschen?"

Die Vorhaltungen seiner Mutter, Weihnachten sei nicht in erster Linie ein Fest der teuren Geschenke, sondern eine gute Gelegenheit zur Ruhe zu kommen, sich mit der Familie zu treffen und für viele auch, sich an den eigentlichen Sinn des Festes, nämlich die Geburt Jesu, zu erinnern, überzeugten den Filius nicht.

Die Rechnung der Eltern, Weihnachten koste ohnehin schon viel Geld für das festliche Schmücken der Wohnung zum Fest, für besonderes Essen, zu dem auch oft die Familie eingeladen würde, für neue Kleidungsstücke usw. usw. Und schließlich bekämen ja alle ein Weihnachtsgeschenk. Und das in diesem finanziellen Rahmen in Aussicht gestellte Geschenk für ihn im Werte von „um die 100 Mark" beeindruckt den Sohn aber überhaupt nicht. Im Gegenteil: Er hält seine Erzeuger für ausgesprochene Knickersäcke!

Zwei Wochen vor Weihnachten kommt Onkel Klaus zu Besuch und erzählt die folgende Geschichte.

Unvergessene Weihnachten

Von Werner Maistrak

Klaus, gerade mal 13 Jahre alt, bibberte vor Kälte. Es war das Jahr 1945, eine Woche vor dem Weihnachtsfest. Da es so bitterkalt war, hatten die Schulen wieder „kältefrei". Es gab so kurz nach dem Ende des verheerenden Weltkrieges kaum Kohlen, und deshalb konnten auch die Schulen nicht beheizt werden. Klaus wohnte mit seinen drei jüngeren Geschwistern, seinem Bruder Siegfried, neun Jahre, der Schwester Marlies, sieben Jahre, Günter, mit vier Jahren der jüngste und seiner Mutter in einer kleinen Dreizimmerwohnung. Ihren Vater hatten die Geschwister zum letzten Mal vor drei Jahren gesehen, denn er war in Russland vermisst.

Vor dem Krieg hatten die Eltern ein kleines Bauernhaus kaufen wollen und nach einer Anzahlung auch schon bezogen. Dann kam der Krieg, und der Vater, der beim Straßen- und Flugplatzbau arbeitete, wurde gleich eingezogen und verpflichtet, mit einer Baueinheit gleich hinter der Front neue Straßen und Flugplätze zu bauen.

Anfang 1945 geriet er noch in russische Kriegsgefangenschaft, und bald nach Kriegsende musste die junge Familie den kleinen Hof wieder räumen, da die Mutter die Kosten nicht mehr aufbringen konnte. Außerdem wollte der Vorbesitzer Verwandte aufnehmen, die als Heimatvertriebene auf der Flucht waren und ein Unterkommen suchten. Es galt schon zu der Zeit das Gesetz des Eigenbedarfs.

Die junge Mutter und ihre vier Kinder waren sehr froh, in einem Nachbarort eine kleine Wohnung ohne Wasseranschluss und Toilette beziehen zu können. Es gab kein Heizmaterial, die Wasserleitung im Hof war zugefroren, und was noch schlimmer war, es gab für die Lebensmittelmarken kaum etwas Essbares zu kaufen. Die Läden waren leer.

Da kam dann eines Tages der neue Vermieter und versprach, bei der Beschaffung von Heizmaterial behilflich zu sein. Zwei Kilometer von der Wohnung entfernt gab es einen großen Rangierbahnhof, auf dem nachts immer die großen Güterzüge zusammengestellt wurden. Darunter waren natürlich auch viele Kohlenzüge, die auf ihre Weiterfahrt warteten. Viele Bewohner aus den umliegenden Häusern versuchten jetzt nachts auf diese Kohlewaggons zu klettern, um sich mit Heizmaterial zu versorgen. „Kohlenklau" nannte man es zu der Zeit, und man musste auf der Hut sein, ob die Bahnpolizei nicht in der Nähe war.

Aber die hatten oft auch „kalte Augen", die sie dann meistens zudrückten. Klaus hatte Glück, und mit etwa einem halben Zentner Kohle kam er zurück. Einen Tag später nahm ihn Onkel Eberhard, so hieß der Hausbesitzer, noch einmal mit zum „Kohlenklau", und auch hier hatten sie Glück und Klaus konnte auf seinem klapperigen Fahrrad nochmals einen vollen Kohlensack nach Hause bringen.

Damit war das Heizproblem gelöst. Jetzt war die Frage: Wo kann man noch etwas Essbares für die Weihnachtstage herbekommen? Lebensmittelmarken waren zwar ausgegeben, doch die Geschäfte waren schlecht versorgt. Oft hieß es nach stundenlangem Warten in der Kälte: „Ausverkauft"!

Also machte sich Klaus einige Tage vor Weihnachten noch einmal auf zu einer „Hamstertour" bei den Bauern im Nachbarort, um doch noch etwas Essbares zu erbetteln. Aber bevor es frühmorgens losging, musste das alte Fahrrad noch in Ordnung gebracht werden. Die Bereifung war komplett dahin, und nur auf den Felgen fahren, ging natürlich auch nicht. Aber: Not macht erfinderisch. Klaus hatte in seinem kleinen Schuppen noch einen alten Wasserschlauch. Er schnitt ihn genau passend nach dem alten Fahrradmantel zurecht. An den Enden bohrte er mit einem glühenden Nagel Löcher in den Schlauch und mit einem Stückchen Draht spannte er den Wasserschlauch jetzt über die Felge als neue Bereifung. Es dauerte aber noch einige Fehlversuche bis es endlich klappte und das Rad wieder notdürftig fahrbereit war. Und jetzt ab ins nächste Dorf.

Er hatte Glück, denn gleich beim ersten Bauern musste er wohl einen so ausgehungerten Eindruck hinterlassen haben, dass ihm die Bauersfrau erstmal einen großen Teller voller Erbsensuppe mit einen Stück Fleisch vorsetzte. Klaus konnte sich nicht mehr erinnern, wann er zum letzten Mal so richtig satt gewesen war.

Auch bei den nächsten Bauern hatte er Glück. Vielleicht lag es daran, dass Weihnachten vor der Tür stand, denn seine Taschen füllten sich bald mit Kartoffeln, einigen Eiern und sogar einem größeren Stück Speck mit einer dicken Schwarte daran. Eine andere Bauersfrau gab ihm sogar noch einen Beutel voller Mehl, damit seine Mutter noch einige Plätzchen backen konnte.

Es war soviel, dass sich auch Klaus' Geschwister wieder einmal richtig satt essen konnten. Und es blieb noch genug übrig für die Feiertage. Auch im Lebensmittelladen gab es eine Überraschung: Seine Mutter bekam eine weihnachtliche Sonderzulage.

Am Heiligen Abend hatte Klaus' Mutter die fünf Kerzen - mehr gab es nicht - an dem kleinen Tannenbaum angezündet und anschließend noch eine ganz große Überraschung parat: Vor einigen Tagen hatten sie aus einer amerikanischen Hilfseinrichtung ein Paket bekommen, das jetzt ausgepackt werden durfte. Die vier Kinder bekamen große Augen, denn so etwas hatten sie noch nie bekommen. Schokolade für jeden, viele andere Leckereien, dazu einige Kleidungsstücke, zwei Paar Schuhe, Trockenmilch , Kakaopulver und für die Mutter sogar ein Paket richtigen Bohnenkaffee.

Mutter hatte für jeden noch einen warmen Pullover und Socken gestrickt, eine Spielesammlung für uns alle gab es und vor allem selbstgebackene Plätzchen. Am ersten Feiertag stand sogar ein richtiger Kuchen auf dem Tisch. Alle waren glücklich und zufrieden. Niemand dachte an die letzten Weihnachten, die sie noch im Luftschutzbunker verbracht und voller Angst auf den nächsten Bombenangriff gewartet hatten.

Diese erste Nachkriegsweihnacht wird niemand von ihnen in seinem ganzen Leben vergessen. Die einzige Sorge war, wie es wohl dem Vater im fernen Russland ergehen würde.

Weihnachten XXL, Teil 2

Von Helmut Willmeroth

Die Geschichte von Klaus und seiner Familie zu Weihnachten 1945 ist etwa 20 Jahre alt, als Günter mit seinen Eltern über die Höhe des Geldwertes seiner Weihnachtsgeschenke diskutiert.

Natürlich ist Günter, nachdem er diese Geschichte gehört hat, ein wenig nachdenklich geworden; nachdenklich, aber nicht demütig und bescheiden. Das kann man auch nicht erwarten. Die 60er sind eine ganz andere Zeit als die Nachkriegszeit es war. Vielen geht es recht gut, und Geschenke auszupacken, die nicht ausschließlich nützlich sind, macht großen Spaß. Ein gesundes Verhältnis zwischen dem Geschenk und seinem Geldwert macht aber Sinn. Mit ein wenig Kreativität geht das – auch heute.

Übrigens: Günter findet zu Weihnachten als Geschenk einen Briefumschlag unter dem Christbaum. Der Inhalt: Ein Ticket für das letzte Konzert der Beatles am 26. Juni 1966 in Hamburg und eine Zugfahrkarte für die Hin – und Rückfahrt nach Ahrensburg vor den Toren Hamburgs, wo seine Tante Helga wohnt, bei der der dann 16-Jährige übernachten kann. Günter springt vor Freude fast bis an die Decke.

Die Preise für das Konzert und die Zugkarte stehen jeweils auf den Tickets...

Frohe Weihnachten

Von Friedel Lubitz

Minchen aus Meiderich gehörte zu den vielen kleinen Mädchen, die in die Kinderlandverschickung fahren konnten. Sie kam im Jahre 1942 als siebenjährige ins Sudetenland. Mit vielen anderen Mädchen brachte sie ein Sonderzug dahin. Sie war im Lager „Haus Monopol" von September 1942 bis Ende Januar 1943 untergebracht.

Woher weiß ich das alles? Minchen hat alle ihre Erlebnisse in einem Tagebuch aufgeschrieben. Dieses stellte mir Minchen Anfang 2017 zur Verfügung. Eine Seltenheit lag dem Tagebuch bei, ein Brief zu Weihnachten an ihre Eltern. Dieser ausführliche Brief spiegelt die Gefühls- und Gedankenwelt eines jungen Mädchens wider. Und das möchte ich Ihnen nicht vorenthalten.

Hier zunächst der Inhalt des Briefes:

Frohe Weihnachten an meine lieben Eltern und Geschwister. Gerade beim Völkerball kam ein Mädchen von der Post. Alle stürmten wir ihr entgegen. Jeder fragte: „Habe ich Post bekommen?" Als sie sagte, ich hätte einen Brief von Zuhause, war meine Freude sehr, sehr groß. Ich sprang in die Luft vor lauter Freude. Nun, vielen Dank dafür. Ich bin noch gesund und auch munter, hoffe dasselbe von euch. ...Gerade habe ich die Weihnachtskarten an alle Bekannte und Verwandte geschrieben. ...Vorige Woche habe ich Euch einen Brief geschrieben, und da habe ich vergessen die Kleiderkarte reinzutun. Ich habe sie sofort nachgeschickt. Hier bekommen wir die Trainingsanzüge nur geliehen. Da habe ich gedacht, Mutter kann die Kleiderkarte besser gebrauchen. Stimmt´s? ... Hier ist das Wetter auch noch ganz schön. Aber doch schon kalt. Die Frau Holle schüttelt dieses Jahr nicht richtig ihre Betten aus. Heute Morgen waren wir zur Kommandantur. Jedes Kind hat einen Trainingsanzug bekommen. Nun wünsche ich Euch von ganzem Herzen ein fröhliches und gesegnetes Weihnachtsfest. Seid inniglich gegrüßt und geküsst von Eurer Euch herzlich liebenden Tochter und Schwester Minchen.
Mit den Gedanken bin ich viel bei Euch.

In ihrem Tagebuch schildert Minchen das Weihnachtsfest so:

24.12.42
Das war eine Freude, als das Glöckchen ertönte. Als wir in unseren Saal kamen, strahlte der Weihnachtsbaum. Dann fand

eine Weihnachtsfeier statt. Wir spielten das Märchen „Weih-
nachten im Zwergenreich“. Dann folgte die Bescherung. Ich
bekam eine Laubsägearbeit, das Buch „Der Hitlerjunge Quex“
und eine Blumenvase. Dann sangen wir Weihnachtslieder
und dann ging es hinauf auf unsere Zimmer.

Was für eine detaillierte Beschreibung des Heiligabends, geschrieben von einer siebenjährigen Meidericherin.

Der gestohlene Weihnachtsbaum

Von Hermann Fengels

Im Jahre 1943 wohnten wir im Schwarzwald auf einem Bauernhof. Zu dieser Zeit waren die meisten Bauern zur Wehrmacht eingezogen. Die Höfe wurden daher meistens von den Bäuerinnen und ihren halberwachsenen Kindern sowie von den Bauern, die eigentlich schon auf dem Altenteil saßen, bewirtschaftet. Man betrieb neben der Land- und Viehwirtschaft auch noch eine kleine Forstwirtschaft, denn sonst konnte so ein Hof nicht überleben. So auch bei uns.

Zu Weihnachten holte der Altbauer eine ca. 2,5m hohe Fichte als Christbaum aus dem Wald, und weil wir in dem Haus eine eigene Wohnung hatten, und er uns etwas Gutes tun wollte, brachte er auch uns eine Fichte mit. Aber was soll ich sagen, das war kein Baum, das war noch nicht mal ein Bäumchen, sondern ein Krüppel wie er im Buche stand. Etwa einen Meter zwanzig hoch, unten herum dicht bewachsen, in der Mitte kahl wie sonst was, und eine Spitze hatte der, die war so krumm wie ein Fleischerhaken. Nein, sagte ich sofort, so einen Christbaum will ich nicht haben, der taugt doch höchstens als Brennholz. Meine Mutter jedoch meinte, dass man einem geschenkten Gaul nicht ins Maul schauen sollte, und dass wir den Baum schon hinkriegen würden. Wir müssten nur unten einige Äste herausschneiden, an den kahlen Stellen Löcher bohren und die Zweige da wieder einsetzen. An die Spitze wollte sie einen hölzernen Kochlöffel binden und das Ganze mit Lametta kaschieren, ich würde schon sehen, wie schön das aussähe.
Mir behagte das aber ganz und gar nicht, und ich habe mir den damals neunjährigen Bauernsohn geschnappt und ihm gesagt, er solle mir doch mal die Stelle zeigen, wo der Großvater die Weihnachtsbäume geschlagen hatte. Der Kleine ging auch bereitwillig mit in den Wald und zeigte mir die Stelle, wo die herrlichsten Edeltannen wuchsen. Sofort hatte ich eine ins Auge gefasst. Sie war ungefähr eineinhalb Meter hoch und wunderschön gewachsen. Die musste mir gehören. Ich benötigte höchsten drei Minuten, um sie zu fällen. Stolz wie Oskar zog ich damit heimwärts.
Meine Mutter war ja zunächst etwas skeptisch, aber als ich ihr sagte, dass der Baum aus dem Wald unseres Bauern stammte, war sie beruhigt. Wir haben dann gemeinsam das Bäumchen geschmückt, und wir hatten unsere helle Freude daran. Das war der schönste Weihnachtsbaum, den wir jemals hatten. Auch später hatten wir keinen schöneren mehr.
Am ersten Feiertag kam der Altbauer auch in unsere Stube und bekam auch ganz große Augen, als er unseren Christbaum sah. Dann sagte er, dass wir Städ-

ter wohl doch mehr vom Christfest verstünden als die Menschen vom Lande, denn dass man aus einer derart krüppelig gewachsenen Fichte einen so fantastischen edlen Weihnachtsbaum zaubern könnte, das hätte er selbst nicht für möglich gehalten. Ich habe ihm dann gebeichtet, wo ich den Baum her hatte und machte mich schon auf ein Donnerwetter gefasst. Er aber grinste nur über alle vier Backen und meinte, da wäre ich wohl in den an seinem Wald angrenzenden Staatsforst geraten, und ich sollte nur heilfroh sein, dass mich der Förster nicht erwischt hätte, das wäre nämlich für mich eine ganz böse Weihnachtsüberraschung geworden.

Ein Gutes hatte der gestohlene Baum dann aber doch bewirkt. In den folgenden Jahren bekamen wir von dem Bauern zwar keine Edeltanne, aber immerhin eine schön gewachsene Fichte zum Weihnachtsfest geschenkt.

Weihnachten in Spanien

Von Brigitte Koch

Mein Vater war als Ingenieur in der Forschung tätig und hatte oft Auslandseinsätze. 1968 plante er mit meiner Mutter einen zweijährigen Aufenthalt in Spanien. Meine Kinder, drei und fünf Jahre alt, und ich begleiteten meine Eltern nach Salou, 15 km südlich von Tarragona.
Im November 1968 trafen wir zu Beginn der Adventszeit in Spanien ein. Wir bezogen eine große Terrassenwohnung in der 2. Etage eines Appartementhauses mit Sicht auf den Plaza Europa. Auf mehreren großen Plätzen erstellte man Krippen mit lebensgroßen Figuren der Heiligen Familie. Die Schaufenster waren weihnachtlich geschmückt und Anregungen für Geschenke gab es wegen der Novitäten reichlich.
Obwohl die Sonne schien, war es zu kühl, um im Meer zu baden. Das Appartementhaus lag an der Calle Norte in zweiter Reihe, so dass wir vor dem starken Seewind geschützt waren. Die Straßen neben der Paseo am Meer waren oft verweht vom Sand aus der Sahara.
Mein Vater sprach außer Englisch und Französisch auch Spanisch, so dass meine Kinder und ich fleißig spanische Vokabeln übten. Nach dem ersten Eingewöhnen und Kennenlernen der aufnahmebereiten spanischen Nachbarn nahte das Christfest.
Wir benötigten einen Tannenbaum, fanden aber keinen in Salou. Die nächste größere Kreisstadt Reus, auch die Geburtsstadt des berühmten Architekten Antoni Gaudi, bot viele Einkaufsmöglichkeiten. Der zentrale Punkt war der Plaza Prim. In der großen Markthalle mit den Ständen mit sorgfältig gestapeltem Obst, dem interessantem Fischbestand und anderen Köstlichkeiten wurden wir fündig und erstanden eine schön gewachsene Pinie, die wir später in unserem neuen Zuhause mit deutschen, mitgebrachten Kugeln schmückten.
Meine Kinder hatten sich eine hölzerne Farm und ein Indianerfort gewünscht. Vater hatte die Sachen entdeckt, sich von uns getrennt, sie gekauft und schnell zum Auto gebracht. Währenddessen verspeisten wir frisch gebratene Sardinen.
Auf der ca. 10 km langen Rückfahrt nach Salou kamen wir an eine Straßenkreuzung, in deren Mitte auf erhöhtem rundem Podest ein Verkehrspolizist mit weiß-behandschuhten Unterarmen den Verkehr regelte. Um diese Plattform herum, zu seinen Füßen, lagen viele weihnachtlich verpackte Geschenke von den Bürgern. Jahre später erfuhr ich, dass es inzwischen verboten worden ist. Wir hatten uns in unserer möblierten Wohnung gemütlich eingerichtet. In je-

dem Raum stand ein Heizofen mit integrierter Butangasflasche und verströmte Wärme.

Den Heiligen Abend 1968 begingen wir wie in Deutschland. Mutter und ich hatten die Pinie geschmückt, das Essen vorbereitet und die Geschenke bereit gelegt, während mein Vater mit den Kindern zum Strand gegangen war. Um 16 Uhr kamen sie gut gelaunt nach Hause. Nach dem Umkleiden,, dem Abendessen und der Bescherung mit Weihnachtsgesang klang ein wunderschöner Abend im nicht mehr so fremden Land mit Cowboy- und Indianerspielen aus.

Am ersten Weihnachtstag hatten wir Gäste aus der Nachbarschaft. Die Spanier gehen zwar Weihnachten in die Kirche, die Weihnachtspräsente gibt es aber erst am 5. Januar, am heiligen Dreikönigstag.

Erwähnen möchte ich noch, dass wir den Jahresabschluss Silvester gemeinsam bei Paco im Gaviota, der Möwe, verbrachten und 12 Sekunden vor Mitternacht bei jedem Glockenschlag eine Weintraube essen mussten. Wer das schaffte, hatte einen Wunsch frei.

Ein Kind wird geboren

Von Dieter Lesemann

Zum Hintergrund: Die Geschichte spielt in der vorindustriellen Zeit im bäuerlichen Meiderich. Das Kirchspiel Meiderich bestand aus acht Bauernschaften: Lakum, Vohwinkel, Berge, Berchum, Lösort, Dümpten, Borkhofen und Meiderich Dorf. An der Ostseite des Kirchspiels, etwa vom Dümptener Grotstollenhof bis zur Emscher, nordwestlich von Haus Hagen, zog sich die Landwehr, eine Art Grenzschutz zur unwirtlichen Lipperheide hin. Die jeweiligen Herren von Meiderich hatten das Kirchspiel zu Lehen aus der Hand des kirchlichen oder weltlichen Adels und residierten auf Haus Hagen.

Bild 54 Haus Hagen in den 1930er Jahren

Der Herr von Meiderich auf Haus Hagen will endlich wissen, wie viele Menschen genau im Kirchspiel leben und fordert die Meidericher auf, sich zählen zu lassen. Für die Meidericher ist das in Ordnung. Dass er sich als Zählbeginn den ersten Tag der letzten Dezemberwoche, also den kalten Winter, ausgesucht hat, bereitet allerdings allenthalben Kopfschütteln.
Dennoch machen sich schon am ersten Zähltag gleich am frühen Morgen viele Meidericher auf den Weg ins Haus Hagen, wo die Listen in einer eigens dafür eingerichteten Kammer ausliegen. Die Meiderich wollen sich ihrem Herrn gegenüber als pflichtbewusste Untertanen erweisen.
Nicht jeder hat ein Pferd oder gar Pferd und Wagen zur Verfügung und muss den oft beschwerlichen Weg, z. B. von den entfernten Höfen in Lakum oder Vohwinkel zu Fuß auf sich nehmen. Kranke, die ganz Alten und die sehr kleinen

Kinder bleiben auf den Höfen und in den Kotten und werden von ihren Familienangehörigen oder Dienstherren in die Listen eingetragen.

Auch die Bauersleute Kolkmann vom Kolkerhof aus dem südöstlichsten Teil der Bauernschaft Dümpten machen sich gleich am ersten Zähltag auf den Weg, einen weiten Weg. Doch dem Kolkhofbauern stehen Pferde und Wagen zur Verfügung, und das Paar fährt zweispännig Richtung Haus Hagen. Allerdings hält der Bauer die Zügel kurz, und es geht nur langsam über die zum Teil sehr holprigen Wege. Schließlich ist seine Frau, die warm eingepackt neben ihm auf dem Kutschbock sitzt, hochschwanger.

Es ist ein klarer, sonniger Wintermittag; die Ruhrauen sind mit Raureif überzogen. Schließlich erreichen sie den Klennenhof, den ersten Hof an der Uferkante der Ruhrterrassen. Weiter nach Nordwesten käme man zum Scholten-, Giesen-, Ufermann- und Ratinghof, die sich alle an dieser Uferkante angesiedelt haben. Die Kolkmanns bleiben aber in nördlicher Richtung und erreichen in der Nähe des Koopmannhofes die Landwehr, die ihren Weg, immer zu ihrer Rechten, bis zu Haus Hagen begleitet, das sie am frühen Nachmittag erreichen.

Als die Kolkhof-Bäuerin gerade vom Kutschbock heruntersteigt, spürt sie plötzlich ein schmerzhaftes Ziehen im Leib, und die Beine sacken ihr weg. Schnell sind der Bauer und Umstehende bei ihr und tragen sie ins Haus Hagen.

Nur kurze Zeit später ist aus einer Nebenkammer der Zählstube ein kräftiger Schrei als deutliches Lebenszeichen eines neugeborenen Kindes zu hören.

Ein neugieriger Knecht des Frankenbuschhofes, der sich gerade in der Zählstube aufhält, öffnet die Türe zur Nebenkammer einen Spalt und erheischt einen Blick auf das Kind. Es ist ein Junge. Der Kolkhof-Bauer, der bei der Geburt, so gut er konnte, geholfen hat, legt das Kind in ein provisorisch errichtetes Bettchen, neben dem, in einem ebenso provisorisch gebauten Lager, die vollkommen ermattete Mutter des Kindes liegt.

So schnell ihn seine Beine tragen, läuft der Knecht nun in den kalten Winter hinaus, um auf dem Frankenbuschhofe allen zu erzählen, dass auf Haus Hagen die Kolkhof-Bäuerin, die dort gewesen sei, um sich zählen zu lassen, niedergekommen sei.

Auf seinem Weg begegnet er drei weiteren Knechten des Hofes, die den späten Nachmittag – es dämmert schon – bei den Rindern auf der Weide verbringen und erzählt ihnen von der Geburt des Kindes.

Später beschließen die Drei, sich ebenfalls noch heute in die Zählliste eintragen zu lassen und hoffen, vielleicht auch einen Blick auf das Kind werfen zu können. Es ist inzwischen dunkel geworden, ihren Weg finden sie aber leicht. Ein voller Mond steht am Himmel. Es ist sternenklar, und die Sterne leuchten heller als sonst.

Als sie Haus Hagen erreichen, spüren sie, wie die Geburt des Kindes als ein hoffnungsvolles Zeichen für die Zukunft, alle in Haus Hagen erfasst hat.

Der will doch nur spielen!

Von Werner Maistrak

„Eigentlich gehört die folgende Geschichte hier gar nicht her, es ist nämlich gar keine Weihnachtsgeschichte. Aber da ihr mich eben erst mit einer Weihnachtsgeschichte kennen gelernt habt und damit ihr mich nicht so schnell wieder vergesst, setze ich diese Geschichte über mich hierher an den Schluss dieses Buches. Euer Bello"

„Der will doch nur spielen!"

„Hallo, liebe Leute und guten Tag! Ich hoffe, ihr kennt mich noch! Nein? Ich bin doch der Hund Bello, wohne bei der Familie Braun mit Papa und Mama Braun und den Kindern Tina und Peter. Sicher erinnert ihr euch noch an mein Weihnachtserlebnis mit dem leckeren Gummiknochengeschenk! – Bääh!
Die Wochen nach Weihnachten vergingen schnell, es wurde wieder wärmer, und mir machte es jetzt auch viel mehr Spaß, öfter zu meinen Freunden in den Stadtpark zu kommen. Hier hatte sich nicht all zu viel verändert. Meist musste ich brav an der Leine gehen. Wenn mich Peter oder Tina mal frei über den Rasen toben ließen, kamen natürlich wieder einige Besucher, die sofort wieder über den „Scheißköter" schimpften.
Dabei taten wir doch nichts Böses. Meine ‚Häufchen', die ich mal machen musste, wurden mit einer Plastiktüte sofort wieder aufgenommen und in eine Tonne geworfen. Viele Spaziergänger glaubten, wir würden sie beißen. Wir wollten doch nur spielen, und das haben auch alle Menschen, die mit einem Hund im Park unterwegs waren, gesagt. Nur seltsamerweise glaubte das niemand.
Und doch kamen immer wieder Frauen, die mich streicheln wollten und sagten: „Ist das ein süßer Hund!" Mir gefiel das aber gar nicht, denn ich wollte viel lieber mit den anderen Hunden herumtollen.
Die nächsten Wochen vergingen mit zweimal am Tag Gassi gehen, mit Mama Braun nur über die Von-der-Mark-Straße gehen, weil sie da immer wieder Leute traf, mit denen sie sich unterhalten konnte. Das war langweilig. Lebhafter ging es mit Papa Braun zu. Er wollte jetzt immer einige Runden joggen, und ich musste an der Leine mitlaufen. Ich hatte kaum mehr Gelegenheit, mit meinen Hundefreunden etwas herum zu toben. Mit Tina und Peter war es deutlich schöner, weil sie sich jetzt mit ihrem neuen Spielzeug, das sie ‚Handy' nannten, beschäftigten, und ich konnte auch schon mal alleine durch den Park flitzen.

Dann hörte ich aber immer öfter: „Bald fahren wir wieder in den Urlaub auf den Bauernhof." Ich durfte natürlich wieder mit! Für mich hatte Papa Braun für die lange Fahrt eine Hundekiste mit einem Deckel oben drauf gezimmert. Da ich größer geworden war, wurde der Platz auf der Hinterbank zu eng. Erst war es in der Kiste etwas langweilig, aber bald schlief ich ein und wurde erst wieder wach, als wir angekommen waren.

Jetzt begannen herrliche Tage, die ich mit Hasso verbringen durfte. Natürlich machte es uns riesigen Spaß, die anderen Tiere auf der Weide zu erschrecken, und wenn es mal regnete, blieben wir auf dem Hof und ärgerten die Katzen. Aber lange hielt der Spaß nicht an, denn die Katzen hatten scharfe Krallen, und wir bekamen manchen Schlag auf die Nase. Verdammt, tat das weh!

Die Regentage waren aber schnell wieder vorbei, und wir tobten über die Felder und durch einen kleinen Wald. Es gab doch so viel zu entdecken, so dass wir die Zeit vergaßen und oft auch die Rufe von Tina und Peter: „Hasso, Bello, kommt zurück!" nicht hörten – oder hören wollten. Es machte doch soviel Spaß!

Eines Tages war Hasso nicht dabei, als Tina mit mir Richtung Wald ging. Ich schnupperte an jedem Baum und unter jedem Busch und hatte bald etwas Interessantes entdeckt: ein Loch unter einem Busch, aus dem ein seltsamer Geruch herauskam.

Natürlich wurde ich neugierig und machte einige vorsichtige Schritte in das Buschwerk. Tinas Rufe überhörte ich mal wieder. Ich machte noch einige Schritte in das Loch, schnupperte nochmals und lauschte. Nichts war zu hören. Ich kroch noch etwas weiter, denn ich wollte doch wissen, was in dem Loch war. Es wurde immer enger, ich legte mich flach auf den Boden und rutschte nochmals weiter. Es war jetzt stockdunkel, und ich bekam doch etwas Angst. Sollte ich noch etwas weiter? Ja, ein kleines Stück ging noch. Mein Herz begann jetzt kräftig zu schlagen. Ich blieb still liegen und lauschte, ob nicht doch etwas zu hören sei. Es war nichts, absolute Stille.

Langsam wollte ich wieder zurück. Aber, oh Schreck ich konnte mich überhaupt nicht mehr rühren. Es ging keinen Millimeter mehr vor oder zurück. Immer wieder versuchte ich, mich vorsichtig zu drehen. Nichts ging! Ich saß richtig fest. Ich versuchte zu bellen. Tina oder auch andere Menschen müssten mich doch hören.

Es war totenstill! Nur etwas Sand rieselte noch auf meine Nase.

Ich war klatschnass vom Angstschweiß, denn ich war sicher: Jetzt würde ich Tina und Peter, Mama und Papa und alle Freunde auf dem Hof nie mehr sehen. Hätte ich doch nur auf Tina gehört, dann säße ich jetzt hier nicht fest. Ich nahm mir fest vor, wenn ich hier noch mal je heil herauskomme, dann würde ich besser zuhören.

Vor lauter Angst und Anstrengung bin ich dann wohl ein wenig eingeschlafen und träumte von meinem warmen Hundekorb und dem herrlichen Gummiknochen, den ich zu Weihnachten bekommen hatte.

Aber schnell wurde ich wieder wach. Ich versuchte nochmals zu bellen, aber das ging richt mehr, denn ich bekam kaum mehr Luft. So lag ich noch lange und lauschte auf ein Geräusch, das ich plötzlich vernahm. Tatsächlich, es waren Kratzgeräusche und bald konnte ich auch Stimmen hören. Tina, Peter, Mama und Papa Braun riefen immer wieder meinen Namen. Dann wurde es langsam heller, einige Erdklumpen fielen von mir ab, kräftige Hände packten mich und zogen mich heraus. Ich war wieder frei!

Erst musste ich mich kräftig schütteln, um den Dreck aus meinem Fell loszuwerden. Alle, die geholfen hatten, mich herauszuziehen, wollten mich streicheln oder auf den Arm nehmen. Das taten dann aber Mama Braun und Tina, die mich dann schnell nach Hause brachten.

Ich wollte nur schnell in meinen Schlafkorb, aber daraus wurde nichts. Zuerst kam ich in die Badewanne und wurde gründlich sauber gemacht. Bald kam auch Papa Braun, der sich freute, dass ich wieder da war und bedankte sich bei allen, die geholfen hatten, mich zu retten.

Dann sagte er aber etwas, was ich nicht verstand: „So etwas darf nie wieder passieren! Bello muss lernen zu gehorchen! Deshalb werden wir ihn, sobald wir wieder zuhause sind, in einem Hundeverein anmelden, damit er alles lernt.“

Ich glaube, das ist wie Schule bei Tina und Peter, die ja auch noch immer lernen müssen. Ich will jetzt aber erstmal schlafen und abwarten, wie das mit der Hundeschule wird. Wenn ihr wollt, werde ich euch das später erzählen. Jetzt aber ab in den Korb, den Gummiknochen her und ... Tschüß!“

Bild 55 Bello - wie immer gehorsam

Die
HAHNENFEDER

… damals in Meiderich

unter dem Dach der Kulturwerkstatt Meiderich

bedankt sich recht herzlich bei ihren Werbepartnern, die uns mit ihren Inseraten sehr bei den Herstellungskosten dieses Buches unterstützen.

Wir bitten Sie, liebe Leserinnen und Leser, um freundliche Beachtung der Werbeinserate auf der folgenden Seite.

Bild / Quellenverzeichnis

Bild Nr.   Untertitel // Quelle

01   Die Hahnenfeder bei der Vorstellung ihres 1. Buches // Hahnenfeder
02   Hermann Fengels // Hahnenfeder
03   Meidericher Kirche 1502 – 1862 // H. Neuhaus
04   Der Ingenhammshof Anfang 20. Jahrhundert // Archiv Stadt Duisburg
05   Während Kinder den Traktor des Ingenhammshofes … //Werner Maistrak
06   Historische Aufnahme „Mismahl am Markt" // Meidericher Bürgerverein
07   Auch nicht mäßig: Ein Meidericher Elferrat um 1900 // IMV
08   Der Lösorter Hof von der Laden im Jahre 1926 // E. Gelderblom
09   Vor dem Köppenhof in der Lakumer Straße, 1937 // Helene Scharnagel
10   Skizze „Kleine Baustraße" vor 1943Skizze // Hermann Fengels
11   Die Baustraße Ende des 19. Jahrhunderts // Meidericher Bürgerverein
12   „Hochwasser" an der Schwabenruhr Dezember 2012 // Dieter Lesemann
13   Meiderichs erster Bahnhof // Meidericher Bürgerverein
14   Einladung zu „Aschenbrödels Schuh" // IMV
15   Die „Stahl'sche Mühle" um 1900 // Stadtarchiv Duisburg
16   Der ‚Meierksche Haan' // Meidericher Bürgerverein
17   1963 übergibt Willi Brandt die Berliner Brücke // Stadtarchiv Duisburg
18   Das winterliche Meiderich vom Dach // Meidericher Bürgerverein
19   Seht ihr das Nest? // Friedel Lubitz
20   Den Zehnpfennigschein gab es wirklich! // Bank Deutscher Länder
21   „Bring mich nach Hause, Gustav!" // Wikipedia.de
22   Auf diesem oder jenem Mäuerken // Meidericher Bürgerverein
23   Familie Dehnen aus Meiderich // Familie Dehnen
24   Setra Reisebus // Wiking
25   Neugierige Leder-Handwerker in Hoffmanns Keller // Helmut Willmeroth
26   Die katholische Kirche Herz Jesu a. d. Brückelstraße // M. Rösemeier
27   Der Ratingshof um 1925 // Dr. Peter Cinka
28   Typ eines alten Meiderichers // Radierung Horst Knauf
29   Die Von-der-Mark-Straße in den 50er Jahren // Meidericher Bürgerverein
30   Ohne Worte // Friedel Lubitz
31   Die Thyssen-Gießerei in Betrieb // Archiv Stadt Duisburg
32   Ansichtskarte aus den 1920er Jahren // Meidericher Bürgerverein
33   Die Felsen von Göreme in Kappadokien // Wikipedia.de
34   Karl Ridderbusch // Familie van Laak
35   Ansichtskarte des Meidericher Stadtparks 1965 // Dr. Peter Cinka
36   Herbst im Stadtpark // Friedel Lubitz
37   Schwimmsymbole früherer Zeiten // Wikipedia.de
38   „Ralle" bei der Arbeit auf der Westender Straße // Werner Maistrak
39   Ansichtskarte Meidericher Stadtpark aus den 1920er Jahren // Heinz Pischke
40   Willmeroth und Maistrak beim Duisburg Marathon // Helmut Willmeroth
41   Die ‚Likestroot' (Leichenstraße) // Meidericher Bürgerverein